U0645955

本書根據廣東省佛山市南海區西樵鎮大同柏山村林氏族人藏清光緒十五年（1889）鈔本影印

西樵歷史文化文獻叢書

# 南海大同林氏族譜

（清）林少成 編修

广西师范大学出版社
GUANGXI NORMAL UNIVERSITY PRESS
·桂林·

圖書在版編目（CIP）數據

南海大同林氏族譜 /（清）林少成編修. --桂林 ：廣西師範大學出版社，2022.3
（西樵歷史文化文獻叢書）
ISBN 978-7-5598-4837-6

Ⅰ. ①南… Ⅱ. ①林… Ⅲ. ①氏族譜系－南海區 Ⅳ. ①K820.9

中國版本圖書館 CIP 數據核字（2022）第 042437 號

廣西師範大學出版社發行
（廣西桂林市五里店路 9 號　郵政編碼：541004
網址：http://www.bbtpress.com）
出版人：黄軒莊
全國新華書店經銷
湛江南華印務有限公司印刷
（廣東省湛江市霞山區緑塘路 61 號　郵政編碼：524002）
開本：880 mm × 1 240 mm　1/32
印張：5.5　　　字數：150 千
2022 年 3 月第 1 版　　　2022 年 3 月第 1 次印刷
定價：48.00 元

如發現印裝質量問題，影響閱讀，請與出版社發行部門聯繫調換。

# 《西樵歷史文化文獻叢書》編輯委員會

顧　問：梁廣大　蔣順威　陳春聲

主　編：温春來　梁耀斌　梁全財

副主編：黄國信　黄頌華　梁惠顔　鄺　倩　倪俊明　林子雄

編　委：（按姓名拼音排序）

陳　琛　陳俊勳　陳榮全　關　祥　黄國信　黄浩森

黄頌華　鄺　倩　李　樂　李啟鋭　黎三牛　黎耀坤

梁惠顔　梁結霞　梁全財　梁耀斌　林少青　林兆帆

林子雄　劉國良　龍華強　倪俊明　歐美萍　區權章

潘國雄　任建敏　任文倉　譚國洪　温春來　吴國聰

肖啟良　余兆禮　張國英　張傑龍　張明基　周廣佳

# 叢書總序

温春來　梁耀斌

呈現在讀者面前的，是一套圍繞佛山市南海區西樵鎮編修的叢書。爲一個鎮編一套叢書並不出奇，但爲一個鎮編撰一套多達兩三百種圖書的叢書可能就比較罕見了。編者的想法其實挺簡單，就是要全面整理西樵鎮的歷史文化資源，探索一條發掘地方歷史文化資源的有效途徑。最後編成一套規模巨大的叢書，僅僅因爲非如此不足以呈現西樵鎮深厚而複雜的文化底蘊。叢書編者秉持現代學術理念，並非好大喜功之輩。僅僅爲確定叢書框架與大致書目，編委會就組織七八人，研讀各個版本之西樵方志，通過各種途徑檢索全國各大公藏機構之古籍書目，並多次深入西樵鎮各村開展田野調查，總計歷時六月餘之久。隨着調研的深入，編委會益發感覺到面對着的是一片浩瀚無涯的知識與思想的海洋，於是經過反復討論、磋商，決定根據西樵的實際情況，編修一套有品位、有深度、能在當代樹立典範並能夠傳諸後世的大型叢書。

## 天下之西樵

明嘉靖初年，浙江著名學者方豪在《西樵書院記》中感慨：『西樵者，天下之西樵，非嶺南之西樵也。』① 此話係因當時著名理學家、一代名臣方獻夫而發，有其特定的語境，但卻在無意之間精當地揭示了西樵在整個中華文明與中國歷史進程中的意義。

西樵鎮位於珠江三角洲腹地的佛山市南海區西南部，北距省城廣州 40 多公里，以境內之西樵山而得名。西樵山由第三紀古火山噴發而成，山峰石色絢爛如錦。相傳廣州人前往東南羅浮山采樵，謂之東樵，往西面錦石山采樵，謂之西樵，『南粵名山數二樵』之説長期流傳，在廣西俗語中也有『桂林家家曉，廣東數二樵』之句。珠江三角洲平野數百里，西樵山拔地而起於西江、北江之間，面積約 14 平方公里，中央主峰大科峰海拔 340 餘米。據説過去大科峰上有觀日臺，雞鳴登臨可觀日出，夜間可看到羊城燈火。如今登上大科峰，一覽山下魚塘河涌縱橫，闤闠閭閻錯落相間，西、北兩江左右爲帶。②

西樵山幽深秀麗，是廣東著名風景區。然而更值得我們注意的，是以她爲核心的一塊僅有 100 多平方公里的土地，在中國歷史的長時段中，不斷産生出具有標志性意義的文化財富以及能夠成爲某個時代標籤的歷史人物。珠江三角洲是一個發育於海灣內的複合三角洲，其發育包括圍田平原和沙田平原的先後形成過程。西樵山見證了這一過程，並且在這一片廣闊區域的文明起源與演變的歷史中扮演着重要角色。作爲多次噴發後熄滅的古火山丘，組成西樵山山體的岩石種類多樣，其中有華南地區並不多見的霏細岩與燧石，這兩種岩石因石質堅硬等原因，成爲古人類製作石器的理想材料。大約 6000 年前，當今天的珠江三角洲還是洲潭遍佈、一片汪洋的時候，這一片地域的史前人類，就不約而同地彙集到優質石料蘊藏豐富的西樵山，尋找製造生産工具的原料，留下了大量打製、磨製的雙肩石器和大批有人工打擊痕跡的石片。在著名考古學家賈蘭坡

① 方豪：《棠陵文集》（收入《四庫全書存目叢書》集部第 64 冊），卷 3，《記·西樵書院記》。

② 參見曾騏《珠江文明的燈塔——南海西樵山考古遺址》，廣州：中山大學出版社，1995 年。

先生看來，當時的西樵山是我國南方最大規模的採石場和新石器製造基地，北方只有山西鵝毛口能與之比肩，因此把它們並列爲中國新石器時代南北兩大石器製造場①，並率先提出了考古學意義上的『西樵山文化』②。以霏細岩雙肩石器爲代表的西樵山石器製造品在珠三角的廣泛分佈，意味着該地區『出現了社會分工與產品交換』③，這些凝聚着人類早期智慧的工具，指引了嶺南農業文明時代的到來，所以有學者將西樵山形象地比喻爲『珠江文明的燈塔』④。除珠江三角洲外，以霏細岩爲原料的西樵山雙肩石器，還廣泛發現於粵西、廣西及東南亞半島的新石器至青銅時期遺址，顯示出瀕臨大海的西樵古遺址，不但是新石器時代南中國文明的一個象徵，而且其影響與意義還可以放到東南亞文明的範圍中去理解。

不過，文字所載的西樵歷史並沒有考古文化那麼久遠。儘管在當地人的歷史記憶中，南越王趙佗陪同漢朝使臣陸賈游山、唐末曹松推廣種茶、南漢開國皇帝之兄劉隱宴遊是很重要的事件，但在留存於世的文獻系統中，西樵作爲重要的書寫對象出現要晚至明代中葉，這與珠江三角洲在經濟、文化上的崛起是一脈相承的。當時，著名理學家湛若水、霍韜以及西樵人方獻夫等在西樵山分別建立了書院，長期在此讀書、講學，他們的許多思想產生或闡釋於西樵的山水之間，例如湛若水在西樵設教，門人記其所言，是爲《樵語》。方獻夫在《西樵遺稿》中談到了他與湛、霍二人在西樵切磋學問的情景：『三（書）院鼎峙，予三人常來往，講學其

① 賈蘭坡、尤玉柱：《山西懷仁鵝毛口石器製造場遺址》，《考古學報》1973年第2期。
② 賈蘭坡：《廣東地區古人類學及考古學研究的未來希望》，《理論與實踐》1960年第3期。
③ 楊式挺：《試論西樵山文化》，《考古學報》1985年第1期。
④ 曾騏：《珠江文明的燈塔——南海西樵山考古遺址》第30—42頁。

間，藏修十餘年。』① 王陽明對三人的論學非常期許，希望他們珍惜機會，時時相聚，爲後世儒林留下千古佳話，他致信湛若水時稱：『叔賢（即方獻夫）志節遠出流俗，渭先（即霍韜）雖未久處，一見知爲忠信之士，乃聞不時一相見，何耶？英賢之生，何幸同時共地，又可虚度光陰，容易失卻此大機會，是使後人而復惜後人也！』② 西樵山與作爲明代思想與學術主流的理學之關係，意味着她已成爲一座具有全國性意義的人文名山，這正是方豪『天下之西樵』的涵義。清人劉子秀亦云：『當湛子講席，五方問業雲集，山中大科之名，幾與嶽麓、白鹿鼎峙，故西樵遂稱道學之山。』③ 方豪同時還稱：『西樵者，非天下之西樵，天下後世之西樵也。』一語道出了人文西樵所具有的長久生命力。這一點方豪也没有説錯，除上述幾位理學家外，從明中葉迄今，還有衆多知名學者與文章大家，諸如陳白沙、李孔修、龐嵩、何維柏、戚繼光、郭棐、葉春及、李待問、屈大均、袁枚、李調元、温汝適、朱次琦、康有爲、丘逢甲、郭沫若、董必武、秦牧、賀敬之、趙樸初等等，留下了吟詠西樵山的詩、文，今天我們走進西樵山，還可發現140多處摩崖石刻，主要分佈在翠岩、九龍岩、金鼠塱、白雲洞等處。與西樵成爲嶺南人文的景觀象徵相應的是山志編修。嘉靖年間，湛若水弟子周學心編纂了最早的《西樵山志》，萬曆年間，霍韜從孫霍尚守以周氏《樵志》『誇誕失實』之故而再修《西樵山志》，清初羅國器又加以重修，這三部方志已佚失，我們今天能看到的是乾隆初年西樵人士馬符録留下的志書。除山志外，直接以西樵山爲主題的書籍尚有成書於清乾隆年間的《西樵遊覽記》、道光年間的《西樵白雲洞志》、光緒年間的《紀遊西樵山記》等。

---

① 方獻夫：《西樵遺稿》，康熙三十五年（1696）方林鶴重刊本，卷6，《石泉書院記》。

② 王陽明：《王文成全書》，四庫本，卷4，《文録・書一・答甘泉二》。

③ 劉子秀：《西樵遊覽記》，道光十三年（1833）補刊本，卷2，《圖説》。

晚清以降，西樵山及其周邊地區（主要是今天西樵鎮範圍）産生了一批在思想、藝術、實業、學術、武術等方面走在中國最前沿的人物，成爲中國走向近代的一個縮影。維新變法領袖康有爲、一代武術宗師黄飛鴻、民族工業先驅陳啓沅、『中國近代工程之父』詹天佑、清末出洋考察五大臣之一的戴鴻慈、『嶺南第一才女』冼玉清、粤劇大師任劍輝等西樵鄉賢，都成爲具有標志性或象徵性的歷史人物。

事實上，明代諸理學家講學時期的西樵山，已非與世隔絶的修身之地，而是與整個珠江三角洲的開發聯繫在一起的。西樵鎮地處西、北江航道流經地域，是典型的嶺南水鄉，境内河網交錯，河涌多達19條，總長度120多公里，將鎮内各村聯成一片，並可外達佛山、廣州等地。① 傳統時期，西樵的許多墟市，正是在這些水邊興起的。今鎮政府所在地官山，在正德、嘉靖年間已發展成爲觀（官）山市，是爲西樵有據可查的第一個墟市。據統計，明清時期，全境共有墟市78個。② 西樵山上的石材、茶葉可通過水路和墟市，滿足遠近各方的需求。一直到晚清之前，茶業在西樵都堪稱舉足輕重，清人稱『樵茶甲南海，山民以茶爲業，鬻茶而舉火者萬家』③。當年山上主要的採石地點，後由於地下水浸漫而放棄的石燕岩洞，因生産遺跡完整且水陸結合而受到考古學界重視，成爲繼原始石器製造場之後的又一重大考古遺址。

水網縱横的環境使得珠江三角洲堤圍遍佈，西樵山剛好地處横跨南海、順德兩地的著名大型堤圍——桑園圍中，而且是桑園圍形成的地理基礎之一。歷史時期，西、北江的沙泥沿着西樵山和龍江山、錦屏山等海灣中島嶼或丘陵臺地旁邊逐漸沉積下來。宋代珠江三角洲沖積加快，人們開始零零星星地修築一些『秋欄基』

① 《南海市西樵山旅遊度假區志》，廣州：廣東人民出版社，2009年，第188—192頁。
② 《南海市西樵山旅遊度假區志》，第393頁。
③ 劉子秀：《西樵遊覽記》，卷10，《名賢》。

以阻擋潮水對田地的浸泛，這就是桑園圍修築的起因。① 明清時期在桑園圍内發展起了著名的果基、桑基魚塘，使這裡成爲珠江三角洲最爲繁庶之地。不難想象僅僅在幾十年前，西樵山還是被簇擁在一望無涯的桑林魚塘間的景象。如今桑林雖已大都變爲菜地、道路和樓房，但從西樵山山南路下山，走到半山腰放眼望去，尚可看見數萬畝連片的魚塘，這片魚塘現已被評爲聯合國教科文組織保護單位，是珠三角地區面積最大、保護最好、最爲完整的（桑基）魚塘之一。

桑基魚塘在明清時期達於鼎盛，成爲珠三角經濟崛起的一個重要標志，與此相伴生的，是另一個重要産業——繅絲與紡織的興盛。聯繫到這段歷史，由西樵人陳啟沅在自己的家鄉來建立中國第一家近代機器繅絲廠就在情理之中了。開廠之初，陳啟沅招聘的工人，大都來自今西樵鎮的簡村與吉水村一帶，而陳啟沅本人，也深深介入到了西樵的地方事務之中。② 從這個層面上看，把西樵視爲近代民族工業的起源地或許並非溢美之辭。但傳統繅絲的從業者數量仍然龐大，據光緒年間南海知縣徐賡陛的描述，當時西樵一帶以紡織爲業的機工有三四萬人。③ 作爲産生了黄飛鴻這樣深具符號性意義的南拳名家的西樵，武術風氣濃厚，機工們大都習武，並且圍繞錦綸堂組織起來，形成了令官府感到威脅的力量。民國初年，西樵民樂村的程姓村民，對原來只能織單一平紋紗的織機進行改革，運用起綜的小提花和人力扯花方法，發明了馬鞍絲織提花絞綜，首創具有扭眼通花團的新品種——香雲紗，開創莨紗綢類絲織先河。香雲紗輕薄柔軟而富有身骨，深受廣州、上海、南京等地富人喜歡，在歐洲也被視爲珍品。上世紀二三十年代是香雲紗發展的黄金時期，如民樂林村

① 曾少卓：《桑園圍自然背景的變化》，中國水利學會等編《桑園圍暨珠江三角洲水利史討論會論文集》，廣州：廣東科技出版社，1992 年，第 51 頁。
② 陳天傑、陳秋桐：《廣東第一間蒸汽繅絲廠繼昌隆及其創辦人陳啟沅》，載《中華文史資料文庫》第 12 卷《經濟工商編》，北京：中國文史出版社，1996 年，第 784—787 頁。
③ 徐賡陛：《辦理學堂鄉情形第二稟》，載《皇朝經世文續編》，近代中國史料叢刊本，卷 83，《兵政・剿匪下》。

程家一族600人，除1人務農之外，均以織紗爲業。① 隨着化纖織物的興起，香雲紗因工藝繁複、生産週期長等原因失去了競爭力，但作爲重要的非物質文化遺産受到保護。西樵不僅在中國近代紡織史上地位顯赫，而且其影響一直延續至今。1998年，中國第一家紡織工程技術研發中心在西樵建成。2002年12月，中國紡織工業協會授予西樵『中國面料名鎮』稱號。② 2004年，西樵成爲全國首個紡織産業升級示範區，國家級紡織檢測研發機構相繼進駐，紡織産業創新平臺不斷完善。③ 據不完全統計，西樵整個紡織行業每年開發的新産品有上萬個。④

除上文提及的武術、香雲紗工藝外，更多的西樵非物質文化遺産是各種信仰與儀式。西樵信仰日衆多，其中較著名者有觀音開庫、觀音誕、大仙誕、北帝誕、師傅誕、婆娘誕、土地誕、龍母誕等。據統計，全鎮共擁有105處民間信仰場所，其中除去建築時間不詳者，可以明確斷代的，建於宋代的有3所，即百西村六祖廟、西邊三帝廟、牌樓周爺廟；建於元明間的有1所，即河溪北帝廟；建於明代的有2所，分别是百西村北帝祖廟和百西村洪聖廟；建於清代的廟宇有28所；其餘要麽是建於民國，要麽是改革開放後重建，真正的新建信仰場所寥寥無幾。⑤ 除神廟外，西樵的每個自然村落中都分佈着數量不等的祠堂，相較於西樵山上的那些理

---

① 《南海市西樵山旅遊度假區志》，第323頁。
② 《南海市西樵山旅遊度假區志》，第303—304頁。
③ 《西樵紡織行業加快自主創新能力》，見中國紡織工業協會主辦、中國紡織信息中心承辦之『中國紡織工業信息網』，http://news.ctei.gov.cn/zxzx—lmxx/12495.htm。
④ 《開發創新走向國際　西樵紡織企業年開發新品上萬個》，見中國紡織工業協會主辦、中國紡織信息中心承辦之『中國紡織工業信息網』，http://news.ctei.gov.cn/zxzx—lmxx/12496.htm。
⑤ 梁耀斌：《廣東省佛山市西樵鎮民間信仰的現狀與管理研究》，中山大學2011年碩士學位論文。

學聖地，神靈與祖先無疑更貼近普通百姓的生活。西樵的一些神靈信仰日，如觀音誕、大仙誕，影響遠及珠江三角洲許多地區乃至香港，每年都吸引數十萬人前來朝聖。

## 傳統文化的基礎工程

上文對西樵的一些初步勾勒，揭示了嶺南歷史與文化的幾個重要面相。進而言之，從整個中華文明與中國歷史進程的角度去看，西樵在不同時期所產生的文化財富與歷史人物，或者具有全國性意義，或者可以放在中華文明統一性與多元化的辯證中去理解，正所謂『西樵者，天下之西樵，非嶺南之西樵也』。不吝人力與物力，將博大精深的西樵文化遺產全面發掘、整理並呈現出來，是當代西樵各界人士以及有志於推動嶺南地方文化建設的學者們的共同責任。這決定了《西樵歷史文化文獻叢書》不是一個簡單的跟風行爲，也不是一個隨便的權宜之計。叢書是展現給世界看的，也是展現給未來看的，我們力圖把這片浩瀚無涯的知識寶庫呈現於世人之前，我們更希望，過了很多年之後，西樵的子孫們，仍然能夠爲這套叢書而感到驕傲，所有對嶺南歷史與文化感興趣的人們，能夠感激這套叢書爲他們做了非常重要的資料積累。根據這一指導思想，經過反復討論，編委會確定了叢書的基本內容與收録原則，其詳可參見叢書之『編撰凡例』，在此僅作如下補充説明。

叢書尚在方案論證階段，許多知情者就已半開玩笑半認真地名之爲『西樵版四庫全書』，這個有趣的概括非常切合我們對叢書品位的追求，且頗具宣傳效應，是對我們的一種理解和鼓舞。但較之四庫全書編修的時代，當代人對文化與學術的理解顯然更具多元性與平民情懷，那個時代有資格列入『四庫』的，主要是知識精英們創造的文字資料，我們固然會以窮搜極討的態度，不遺餘力地搜集這類資料，但我們同樣重視尋常百姓書寫的文獻，諸如家譜、契約、書信等等，它們現在大都散存於民間，保存狀況非常糟糕，如果不及時搜集，就會逐漸毀損消亡。

能夠體現叢書編者的現代意識的，還有邀請相關領域的專業人士以遵循學術規範爲前提，通過深入田野調查撰寫的描述物質文化遺產、非物質文化遺產的作品。這兩部分内容加上各種歷史文獻，構成了完整的地方傳統文化資源。目前不管是學術界還是地方政府，均尚未有意識地根據這三大類別，對某個地域的傳統文化展開全面系統的發掘、整理與出版工作。在這個意義上，《西樵歷史文化文獻叢書》無疑具有較大開拓性、前瞻性與示範性。叢書編者進而提出了『傳統文化的基礎工程』這一概念，意即拋棄任何功利性的想法，扎扎實實地將地方傳統文化全面發掘並呈現出來，形成能夠促進學術積累並能夠傳諸後世的資料寶庫，在真正體現出一個地方的文化深度與品位的同時，爲相關的文化産業開發提供堅實基礎。希望《西樵歷史文化文獻叢書》的推出，在這個方面能産生積極影響。

## 高校與地方政府合作的成果

西樵人文底蕴深厚，這是叢書能夠編撰的基礎；西樵鎮地處繁華的珠江三角洲，則使得叢書編撰有了充足的物質保障。然而，這樣浩大的文化工程能夠實施，光憑天時、地利是不夠的，一群志同道合的有心者所表現出來的『人和』也是非常關鍵的因素。

2009 年底，西樵鎮黨委和政府就有了整理、出版西樵文獻的想法，次年 1 月，鎮黨委書記邀請了中山大學歷史學系幾位教授專程到西樵討論此事。通過幾天的考察與交流，幾位鎮領導與中大學者一致認定，以現代學術理念爲指導，爲了全面呈現西樵文化，必須將文獻作者的範圍從精英層面擴展到普通百姓，並且應將物質文化遺産與非物質文化遺産的内容也包括進來，形成一套《西樵歷史文化文獻叢書》。爲了慎重起見，決定由中大歷史學系幾位教授組織力量進行先期調研，確定叢書編撰的可行性與規模。經過6個多月的努力，調研組將成果提交給西樵鎮黨委，由相關領導與學者坐下來反復討論、修改、再討論……，並廣泛徵求西樵地方文化人士的意見，與他們進行座談。歷時兩個多月，逐漸擬定了叢書的編撰凡例與大致書目，並彙報給南海區委、區政府與中山大學校方，得到了高度重視與支持。2010年9月底，簽定了合作協議，組成了《西樵歷史文化文獻叢書》編輯委員會，決定由西樵鎮政府出資並負責協調與聯絡，由中山大學相關學者牽頭，組織研究力量具體實施叢書的編撰工作。

值得一提的是，《西樵歷史文化文獻叢書》是近年來中山大學與南海區政府廣泛合作的重要成果之一，並爲雙方更深入地進行文化領域的合作打下了堅實基礎。2011年6月，中山大學與南海區政府決定在西樵山共建『中山大學嶺南文化研究院』，康有爲當年讀書的三湖書院，經重修後將作爲研究院的辦公場所與教學、研究基地。嶺南文化研究院秉持高水準、國際化、開放式的發展定位，將集科學研究、教學、學術交流、服務地方爲一體，力爭建設成爲在國際上有較大影響的嶺南文化研究中心、資料信息中心、學術交流中心、人才培養基地。研究院的成立，是對西樵作爲嶺南文化精粹所在及其在中華文明史中的地位的肯定，編撰《西樵歷史文化文獻叢書》也順理成章地成爲研究院目前最重要的工作之一。

在已超越温飽階段，人民普遍有更高層次追求，同時市場意識又已深入人心的中國當代社會，傳統文化迎來了新一輪的復興態勢。這對地方政府與學術界都是新的機遇，同時也産生了值得思考的問題：如何在直接的經濟利益與謹嚴求真的文化研究之間尋求平衡？我們是追求短期的物質收穫還是長期的區域形象？當各地都在弘揚自己的文化之際，如何將本地的文化建設得具有更大的氣魄和胸襟？《西樵歷史文化文獻叢書》或許可以視爲對這些見仁見智問題的一種回答。

# 叢書編撰凡例

一、本叢書的『西樵』指的是以今廣東省佛山市南海區西樵鎮爲核心、以文獻形成時的西樵地域概念爲範圍的區域，如今日之丹灶、九江、吉利、龍津、沙頭等地，均根據歷史情況具體處理。

二、本叢書旨在全面發掘並弘揚西樵歷史文化，其基本内容分爲三大類別：（1）歷史文獻（如志乘、家乘、鄉賢寓賢之論著、金石、檔案、民間文書以及紀念鄉賢寓賢之著述等）；（2）非物質文化遺産（如口述史、傳説、民謡與民諺、民俗與民間信仰、生産技藝等）；（3）自然與物質文化遺産（如地貌、景觀、遺址、建築等）。擴展内容分爲兩大類別：（1）有關西樵文化的研究論著；（2）有關西樵的通俗讀物。出版時，分别以《西樵歷史文化文獻叢書·歷史文獻系列》、《西樵歷史文化文獻叢書·非物質文化遺産系列》、《西樵歷史文化文獻叢書·自然與物質文化遺産系列》、《西樵歷史文化文獻叢書·研究論著系列》、《西樵歷史文化文獻叢書·通俗讀物系列》命名。

三、本叢書收録之歷史文獻，其作者應已有蓋棺定論（即於2010年1月1日之前謝世）；如作者爲鄉賢，則其出生地應屬於當時的西樵區域；如作者爲寓賢，則作者曾生活於當時的西樵區域内。

四、鄉賢著述，不論其内容是否直接涉及西樵，但凡該著作具有文化文獻價值，可代表西樵人之文化成就，即收録之；寓賢著述，但凡作者因在西樵活動而有相當知名度且在中國文化史上有一席之地，則其著述内容無論是否與西樵有關，亦收録之；非鄉賢及寓賢之著述，凡較多涉及當時的西樵區域之歷史、文化、景觀者，亦予收録。

五、本叢書所收録紀念鄉賢之論著，遵行本凡例第三條所定之蓋棺定論原則及第一條所定之地域限定，且叢書編者只搜集留存於世的相關紀念文字，不爲鄉賢新撰回憶與懷念文章。

六、本叢書收録之志乘，除此次編修叢書時新編之外，均編修於 1949 年之前。

七、本叢書收録之家乘，均編修於 1949 年之前，如係新中國成立後的新修譜，可視情況選擇譜序予以結集出版。地域上，以 2010 年 1 月 1 日之西樵行政區域爲重點，如歷史上屬於西樵地區的百姓願將族譜收入本叢書，亦從其願。

八、本叢書收録之金石、檔案和民間文書，均産生於 1949 年之前，且其存在地點或作者屬於當時之西樵區域。

九、本叢書整理收録之西樵非物質文化遺産，地域上以 2010 年 1 月 1 日之西樵行政區域爲準，内容包括傳説、民謡、民諺、民俗、信仰、儀式、生産技藝及各行業各戰綫代表人物的口述史等，由專業人員在系統、深入的田野工作基礎上，遵循相關學術規範撰述而成。

十、本叢書整理收録之西樵自然與物質文化遺産，地域上以 2010 年 1 月 1 日之西樵行政區域爲準，由專業人員在深入考察的基礎上，遵循相關學術規範撰述而成。

十一、本叢書之研究论著系列，主要收録研究西樵的專著與單篇論文，以及國内外知名大學的相關博士、碩士論文，由叢書編輯委員會邀請相關專家及高校合作收集整理或撰寫而成。

十二、本叢書組織相關人士，就西樵文化撰寫切合實際且具有較強可讀性和宣傳力度的作品，形成本叢書之通俗讀物系列。

十三、本叢書視文獻性質採取不同編輯方法。原文獻係綫裝古籍或契約者，影印出版，並視情況添加評介、題注、附録等；如係碑刻，採用拓片或照片加文字等方式，並添加説明；如爲民國及之後印行的文獻，或影印出版，或重新録入排版，並視情況補充相關資料；新編書籍採用簡體横排方式。

十四、本叢書撰有《西樵歷史文化文獻叢書書目提要》一册。

# 總目

# 評介

王洪

族譜一帙，清光緒十五年林少成重修。該譜爲《大同柏山林氏安居房族譜》（柏山即今佛山市南海區西樵鎮柏山村，別名岡尾村。《大同柏山林氏安居房族譜》以下簡稱《林氏族譜》）。該譜共分爲《譜識》《歷世遺文》《考世系》等主要部分。其中，《譜識》記載了《林氏著姓始祖》（自商迄西晋）、《林氏入閩始祖》（西晋迄唐貞元）、《科第》（自唐迄清道光）、《入閩晋安郡王》、《少師墓碑志》（唐貞觀二十六年）、《府君披神道碑》（唐貞元四年）、《重修林氏先墓記》（明弘治十七年）等内容。《歷世遺文》記載了《前埭林氏歷代墳陵叙》（萬曆乙丑）、《重修林氏春秋序》（萬曆丁巳）、《重修西河郡北到家史序》（萬曆丁巳）、《新會仕路吾林宗譜序》（萬曆四十）等内容。①《考世系》篇以比干爲始，畫有圖表，祖輩名字上方點綴深紅齒狀，部分世系齒狀圖案依次淡化，或因爲年代久遠，顏色受潮形成不規則淡化。② 實際上，根據上文所叙述我們就不難發現，《林氏族譜》的編修大半部分内容都在考證与描述林氏的宗支分布。該

① （清）林少成修：《柏山林氏族譜》。
② （清）林少成修：《柏山林氏族譜·考世系》。

族譜中对先祖的考證詳盡到不同年代，族譜内甚至對部分先祖援引《唐書》等史書進行了考證和論述。

## 一 本無『重修譜序』的族譜

瀏覽諸多南海族譜，譜牒開篇一般記載前世譜序、重修譜序。但《林氏族譜》的編纂明顯是按照時間進行推進，先祖譜系也各有體系，對每代著名先祖進行論述考證和補遺，并載墳塋地點與碑銘，譜序依時間順序列于譜牒之中。該譜開篇首文是一份契約，該契約名爲《照抄涌尾湖斷約》，該契約被記載于譜牒首頁，一方面體現出其對該斷約的重視，另一方面也呈現出林氏的部分社會生活。其載：

立斷約人傳樵峰四房子孫鵬萬等于庚寅年開湖祠前，但業價四圍砌石費動伍佰餘金，是湖之成也，不特事關風水，亦利舟楫往來。既有水步以便上落，亦有湖邊以便灣泊船隻。我柏山一鄉維有林、區、熊、傅四姓共相親相睦，不啻一家。竣工之日，合族告祖酬神，而同异姓各鄰親友辱臨幣祠拜手稱賀。即如源雄林公奉花錢銀貳拾大員，賀領納登記，第恐世遠年湮，日久無憑，故集衆商議祠内，爰立斷約一紙收執爲憑。既領林家太祖厚情，其湖日後任從林家灣泊船隻，其林家力農任從朝夕上落方便，世世子孫守此勿替可也。今恐無憑，故立斷約一紙永遠收執爲據。①

① （清）林少成修：《柏山林氏族譜·照抄涌尾湖斷約》。

該斷約立于乾隆三十五年，爲族正傳拱萬執筆所立。按斷約記載，該地共有林、區、熊、傳四姓，傳姓共四房人參與修建該湖。湖成之後，在林氏祠堂内相約立下關于湖如何利用等問題的合約。其間各類錯綜複雜之關係，給我們提供了進一步探討南海地區宗族參與地方社會治理的案例，同時也爲我們窺探宗族之間關係提供了一個重要的側面；另外，各宗族對湖面船隻停泊的描述也説明其社會經濟也是我們可以進一步挖掘的重要内容。《林氏族譜》將該斷約記載于家譜首頁，其背後的原因也值得我們深究。

在該契約之後，《林氏族譜》彩繪了各著名先祖的肖像，并在肖像旁小字注明肖像人名及其功績。肖像花紋刻畫仔細，形象各有區别，并將比干墓所坐落的空間位置，以及福建始祖晋安王墓所在地理位置也繪畫出來，這也説明林氏很有可能曾因家譜編撰而造訪過比干墓，并對此進行了一系列的刻畫。《林氏族譜》將入閩前祖先稱爲『始祖』，將入閩後始祖稱爲『遠紀祖』，分别記載爲遠紀一世祖、遠紀二世祖不等。顧名思義，『遠紀祖』實際上即『有譜牒記載』的世祖。根據《林氏族譜》所載：『于秘閣得之貞觀六年所撰譜牒所傳必有定見，故諸譜宗焉斷以禄公爲入閩始祖。』這也就説明，《林氏族譜》之中將『秘閣』所得的家譜奉爲記載之始，所以别稱爲『遠紀祖』。祖先世系之後，該族譜記載了歷朝歷代科第人員，并載先祖比干等人墓志銘，并將明弘治十七年六月時刑部尚書林俊（福建莆田人）的《重修林氏先墓記》載于譜牒之中。隨後又對『始祖』與『遠紀祖』援引《唐書》《宋史》等進行補充，方才將萬曆時期《新會仕路吾林宗譜序》進行抄録附于後，而林少成重修此譜，并没有作序，萬曆譜序之後則直接圖録世系。世系之中，『始祖』自比干至禄，都相對簡略，爲單系傳承，自『遠紀一世祖』禄之後則越來越複雜。該譜牒是一本與衆不同的譜牒，『與衆不同』旨在强調《林氏族譜》的特點，這也爲我們研究譜牒書寫形式、内容等提供了一個有意義的案例。

按該譜福建莆田監生林桂芳撰《重修林氏春秋序》（萬曆四十五）記載：『濟南，其族一也，莆宗盛于九牧，而半在百粵，百粵而禹後也。禹穴在北，而子孫半在南，猶南枝九牧也。九牧在莆而子孫半在粵，問詳，考之，如沙崗、石頭林出于福，唐蒧公後……仕路林出于蕴公後。』① 該序後又載有林鳴盛撰《新會仕路吾林宗譜序》（萬曆四十）『諸房祖居粵甚多，所知者，沙岡蒧公五代孫森公始，潭江嶺背村，端州葦公九代孫杞公始，北到滘頭及香山大涌蕴公十二代孫涣之公始，間嘗聞新會縣治南六十里爲北到村，有仕路林林氏實卲州刺史蕴公孫（諱獲字立輔號光山）』②。將莆田宗譜序放于前，這是該譜爲數不多的不按照時間序列進行書寫的地方，根據時間來看，林桂芳于萬曆十一年任廣西荔浦縣知縣③，萬曆三十二年任合浦縣丞④。實際上，林鳴盛也爲福建莆田人，爲萬曆二年進士。⑤ 二人同時指出廣東林氏出于閩，林鳴盛甚至爲新會仕路林

① （清）林少成修：《柏山林氏族譜・重修林氏春秋序》。
② （清）林少成修：《柏山林氏族譜・新會仕路吾林宗譜序》。
③ （清）金鉷修，錢元昌纂：《廣西通志》，卷五十四。
④ （清）周碩勛修，王家憲纂：《廣州府志》，卷十一上。
⑤ （明）陳俊修，梅鼎祚纂：《寧國府志》，卷三。

氏作序，由譜序我們已經可以看到林氏在閩粤地區自明以來的聯繫，然而清朝時期，安居房林氏作譜時并未寫序，這不禁爲我們研究地方社會提供了一個獨特的視角，通過對該譜的考證研讀及對該地方社會的田野調查可以進一步對該問題進行討論，也留待讀者進一步去發掘其學術意義與研究價值。

## 簡論該譜研究價值與學術意義

在岡尾村的傳説裏，林氏最先到此地開村。陳春聲曾有見地地指出：『百姓的「歷史記憶」表達的常常是他們對現實生活的歷史背景的解釋，而不是歷史事實本身……許多所謂「地方性知識」都是在用對過去的建構來解釋現在的地域政治與社會關係。』① 而家譜，作爲民間文獻，其也有助于我們理解『過去的建構如何用于解釋現在』。所以，該譜對于研究岡尾周邊區域，以及閩粤地方社會都有着一定的意義。科大衛曾將佛山石頭、上園與佛山墟市霍氏宗族的構建進行對比和討論，發現石頭霍氏『世家』、上園霍氏『新貴』，以及散亂的没有祠堂的墟市霍氏形成了鮮明的對比，并將此稱爲『橱窗效應』。② 實際上，這種『橱窗效應』現象在珠三角地區很是常見，但是，岡尾村林氏却是與福建等地林氏有着緊密的構建關係，在這種關係背後，是否可以説明岡尾村周邊存在着明顯的橱窗效應現象？另外，莆田林氏是否也處于當地『橱窗效

① 陳春聲：《走向歷史現場》，《讀書》2006 年第 9 期。
② [美] 科大衛：《皇帝和祖宗：華南的國家與宗族》，卜永堅（譯），江蘇人民出版社，2010 年，第 149—161 頁。

應』的某個環節從而出現了將南海林氏納入宗族的現象？這也尚需更多的田野調查，方能對此進行深入的探究。不過，這也説明，閩粤地區都存在着相近或相似的宗族的構建過程，反過來，我們也可以更好地對莆田的地方社會進行一定的研究，并爲中國歷史提供一個可觀的參照側面。

禮[二十傳]樂[廿一傳]詩[廿二傳]書[廿三傳]深[廿四傳]佑[廿五傳]啟[廿六傳]

文[廿七傳]章[廿八傳]科[廿九傳]第[卅傳]永[卅一傳]聯[卅二傳]綿[卅三傳]

瓜瓞有根天地老

螽斯衍慶

簪纓無數古今賢

大清光緒拾伍春季秋之月十七傳孫少成重修

# 宗譜

# 安居房

# 照抄涌尾湖斷約

立斷約人傳樵峰四房子孫鵬萬等於庚寅年開
湖祠前但業價四圍砌石費動伍伯餘金是湖之成
也不特事關風水亦利舟楫往来既有水步以便上
落亦有湖邊以便灣泊船隻我柏山一鄉維有林區熊
傳四姓共相親相睦不啻一家竣工之日合族告 祖酧
神而同異姓各鄰親友等臨帶祠 拜手稱賀即如
源雄林公奉花錢艮貳拾大員賀領納登記第恐
世遠年湮日久無憑故集衆商議祠内爰立斷約
一帋收執為憑既領 林家太祖厚情其湖日後
任從林家灣泊船隻其 林家力農任從剃夕工落
方便世世子孫守此勿替可也今恐無憑故立斷約
一紙永遠收執為據

宗子漢朝 四房耆老 三房喬蘭 長房燦文 二房明萬 四房才士 理事 北廣 宗宏 霞九 翁侯 仝立斷約

乾隆三十五年歲在庚寅吉日 族正傳拱萬的筆

子子孫孫勿替引之

十[illegible]嶽元重抄

靡軀匪仁　蹈難匪智
死於其死　然後為義
忠無二臣　烈有餘氣
正直聰明　至今猛視
洛爾來代　為臣不易

依唐李白廟碑銘

殷少師
贈太師
仁顯忠烈公遺像
公諱比干
太丁皇帝次子

博陵公諱堅字長思遺像 比干公子

武王以其殷湯之後聖人苗裔避紂亂政全身遠害其智足以任政授為太子食采西河郡後改博陵封戶侯

妣草氏一品太夫人

繄惟太師 勇節挹奇 遭時之難 知商之衰 剖心不痛 其死如飴 仁必有後 篤生祿兒 有石若蕨 有水如斯

林木蓊鬱 山岳滋毓 實錫名哲 藩屏周基 食毛賜姓 一日祿足 宜德篤叠 燬王樹槃 御覲于天 如草離離

吏部尚書裔孫大鼎撰

公諱戴字元超遺像 堅公子也
襲封博陵領二百四十國為冀州牧
配唐氏一品太夫人

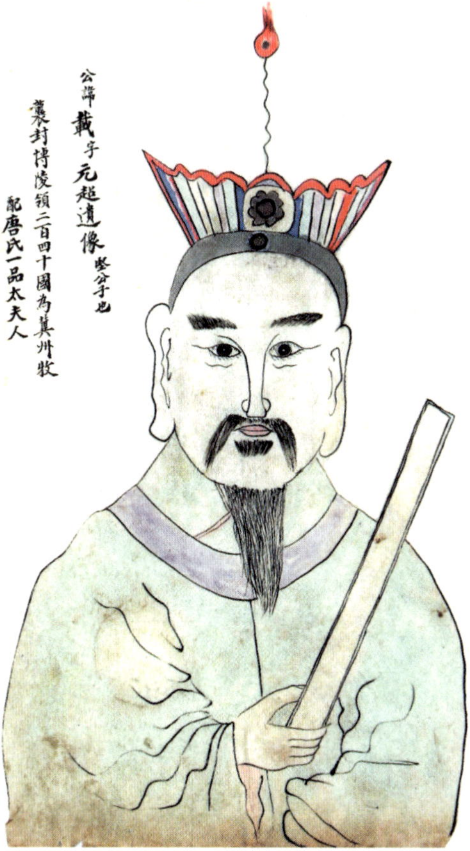

崑崙之下 產有奇珠 諸峯之草 獨鍾芳林 惟我少師 烈日精金
剖割之慘 帝用嘉臨 有其後世 遺秉忠心 迄有天晴 疊錫簪纓
冀州作牧 侯王為欽 承忠護國 超邁高深 睠茲祖德 奕奕古今

吏部尚書裔孫大鼎譔

格公四子

公諱靖之字君廣遺像

滎陽王景平元年爲戟將軍

授太子太傅

妣陳氏一品夫人

國郡公三子
公諱玄泰字復眞遺像
唐永昌九年舉茂材對策第三
内教文章博士累遷瀛州刺史
妣何氏夫人

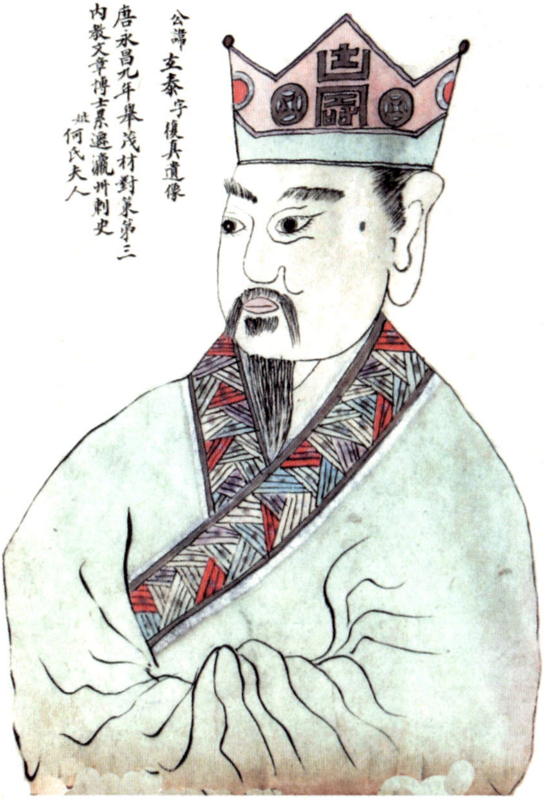

禄公長子

公諱景字明徽遺像

晉成帝咸和五年授通直郎與琅琊王叔虎父同避難入晉安郡會父喪與弟還同入閩居侯官縣都鄉西里從征南將軍朱賓有功授真武將軍散騎常侍封桂陽郡南平侯娶琅琊王氏大夫人

文濟公四子
公諱國都字帝舉遺像
隋開皇己酉
為建安常侍
妣陳氏夫人

邂氏六子
公諱
王珍字世賓遺像
齊武帝太始元年
為主簿
大明元年陞功曹
太通四年加兵部郎中
妣陳氏夫人

景公長子

公諱綾字義客遺像

晉穆帝永和三年

伐蜀有功封逮畧

将軍又破壍裒銓

叙為鄒姓之首

咸安三年加封

開國侯配黄氏太夫人

靖之公四子
公諱逵之字伯成遺像
晉武帝太元十二年
爲主簿遷東忠郡
海南令 妣
李氏夫人

綏公三子

公諱格字世標遺像

晋太元二年為郎中

配胡氏夫人

茂公子

公諱孝寶字宗珍遺像

梁太清八年丁夘

補祭酒從事

隋開皇六年授河南縣

陞泉州府正堂

妣王氏夫人

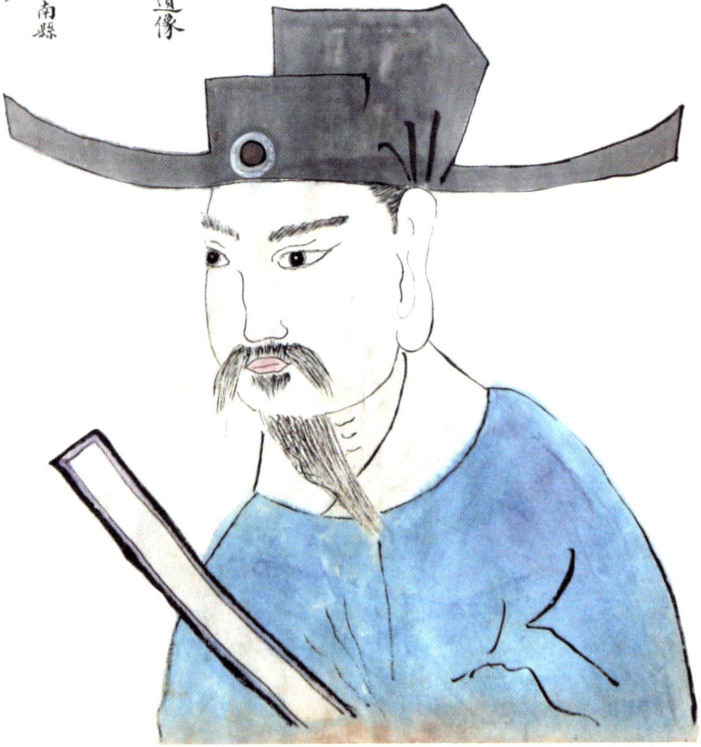

元次公次子

公諱茂字汝威遺像

隋開皇四年任右班丞相

自晋安郡移居北螺村

為入莆田縣始祖

妣鄭氏一品太夫人

遂之公四子

公諱遯民字延隱遺像

宋文帝元嘉三年

任郡功曹

武帝大明元年遷六

科給事中 妣黃氏夫人

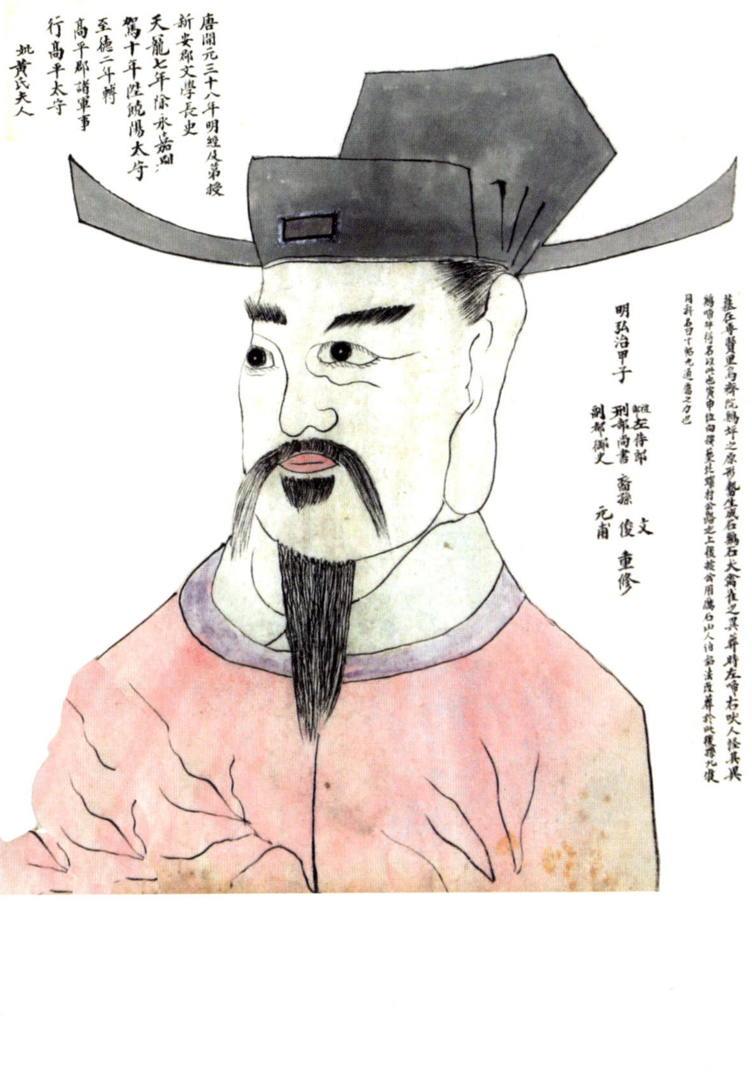
立泰長子
公諱萬龍 字聖功遺像
明弘治甲子
禮部左侍部 文
刑部尚書 裔孫 俊 重修
副都御史 元甫
唐開元三十八年明經及第授
新安郡文學長史
天龍七年除永嘉郡
駕十年陞饒陽太守
至德二年轉
高平郡諸軍事
行高平太守
妣黃氏夫人

萬龍公次子

公諱披 字彥茂遺像

天寶十一年進士授將樂縣令
累遷漳州刺史
澧州司馬
康州刺史
臨汀郡詞曹

其地多鬼公著無鬼論詞甚正直
郡鬼為之屏跡 尽臨汀當知州事十年
靜邊
闕下
御史李栖筠奏授 公為
太子府事兼蘇州別駕
御賜紫金魚袋上柱國
敬宗寶曆九年
詔內
官長史進朝門留
妣陳氏
封南安太君
繼妣朱氏
鄭氏
公生九子出任
俱授任州牧
曰九牧
皆此來也

天壽惠成　因生賢氏　王組金緋
鸞停鶴侍　派後十六　氣公會澤
氣直道亮　論著無鬼　出邊爝龍
德星萃止　德符顯祚　嗣九刺史

刑部尚書西孫俊贊

林顯華冑　百葉彌盛　自邾徙閩
賓為巨姓　瀛高桂子　三世從政
篤生太宗　玄默允敬　位刺工州
弗壽有命　九侯並列　錫類衍慶

刑部尚書俊讚

披公長子
公諱蔕
字敏樹遺像
始為朝散大夫
奉授
平西太守
景邊
端州刺史
居官忠厚
仁恕不罰而化
妣胡氏

披公次子
公諱藻字緯乾遺像
唐貞元元年第二名進士
特授
容州大使
累遷
江陵刺史
嶺南節度
殿中侍御史

華省軫褒
賦就神助
容州江陵

遐晨負耻
破荒伊始
四仕首尾

相先儒業
並影千兆
廟食無慶

波鵲白矢
穿楊符喜
克有前史

刑部尚書裔孫俊讚

披公三子

公諱著字友直遺像

德宗貞元六年

明經及第

初調

歸州巴東令

累遷

邕州經畧推官

橫州刺史

薛鳳騫騰 荀龍夭矯 三仁系啟 十德周超

烏齊宣靈 白雀明兆 及第聯芳 前聿良昭

符竹橫州 鴈是剛擾 遠祿孫鳳 扁凌犳表

刑部尚書裔孫俊讚

拔公四子

公諱薦子

德復遺像

德宗貞元十二年

明經及第

初擢文學

守郊社

北陽令

累遷

韶州刺史

鬱鬱北螺　窿窿澄渚　一時人物　芝蘭玉樹

懿懿韶陽　春容矩矱　芥拾大魁　文學掌故

截今截錫　亨衢獨步　沿秩錫緋　位隆道素

刑部尚書裔孫俊讚

披公五子
公諱晔字若思遺像
德宗貞元明經及第授
滄景司馬
御賜排魚袋
累遷通州刺史

烈烈通州　松栢受命　緋衣銀魚
穆莊有敬　為民位帝　執雅中令
由晉入閩　纓簪簪蟬　五百愈期
于焉斯盛　名成而退　旋紓踣慶

刑部尚書番禺俊讚

披公六子公諱蘊字夢復遺像

德宗貞元明經及第授兵部員外郎累遷邵州刺史洪州刺史西川節度

天后元君乃公之孫女

明明我祖，精忠卓識，結志藏脩，奎壁有奕。
賢良落第，式是亭直，抗義陳詞，凛々凛霜杲日。
載罹虎口，刺史低戚，義若成仁，智不可及。
俾紀儒林，百祀廟食。

刑部尚書裔孫俊讚

拔公七子
公諱蒙字芫位遺像

德宗貞元
奏授
孟陵主簿
累遷
金吾衛長史
循州刺史
貞元十一年
乙酉
請
放
西稅
公文

肅肅肖祖 不競不絿 句稽匪懈 樂是循求
乃執金吾 乃殿循州 襄芳序遂 良牧作表
横行獨步 並有九農 東堂陵谷 世遠名流

刑部尚書孫俊讚

拔公八子公諱邁字上粵遺像

德宗貞元明經及第

初授循州興寧主簿累遷雷州刺史六科給事

詢美我公 執德不回 蕃休承祚 出類拔萃

興寧伊始 嗣有高宿 請恭亞熙 以封以培

政是非武 萃庚激債 波餘後萌 遺像與表

刑部尚書孫俊讚

披公九子 公第十

藐 號

四明處士遺像

德宗貞元

明經及第

初調

京兆參軍

春秋博士

後遷

福唐刺史

衍衍四明 纘受潛業 圖其醇源 雲居有曄

與恬起落 參軍以徵 博士詞遷 刺史是承

謂難其人 又終其九 父子兄弟 十烈并貞

虎皮羊質 晝脂鏤冰 允揚其休 式告來仍

刑部大堂 孫 俊讚

尊公三子

公諱攢字會道遺像

德宗貞元爲福唐尉

以毋喪自負土作塚築廬墓有白烏甘露之祥廉使李若初上其事

德宗降詔褒異立雙闕於其門旌顯門前與九牧忠孝並美今稱闕下林是也

謝故蘭玉　立復其尤　許國諸子　夷簡維俊

憲憲九牧　忠則郡州　公寔從子　純孝作述

荒蘆口血　木斷山秋　白烏啞啞　甘露油油

奬閑旌命　有顯斯丘　滄桑物改　雙闕時留

刑部大堂孫俊讚

金公子
始祖公諱 獲
字立輔 號光山遺像
瓊州府正堂
歷任陞
柱國
上大夫
自莆田
北螺村入
廣東新會
縣古井村
為
始祖
葬崖門睦州山
赫赫大夫 瓊州之守 亂邦不居 辭組歸休 匡山棲卿 宗曾是述
更名匿姓 保護準周 矢圖恢復 天命無由 忠義克之 青史垂優

二世祖公諱宗臣號蓋菴遺像

瓊州府通判

吁嗟北到
三傑名揚
五龍夭矯
季鵬翱翔
昂昂仲鳳
冲霄飛驤
明經循行
發學揚章
斯文蔚起
俎豆是嘗
繩繩孫子
奕葉書香

遠山公子
移居北到仕路
四世祖公諱鳳孫字少峰遺像
任江西提督學院

紹宗公子公諱雍子秀和遺像

景王時爲畿內閭正出爲魯大夫
炊鼻之戰奮不顧身春秋稱之

昭公二十六年公圍成師及齊師戰于炊鼻林雍羞爲顏鳴之左
公伏于石下百步苑何忌取其耳顏鳴之去苑子之御曰視下顧苑子
剸林雍斷其足鑋全而乘于它車以歸顏鳴三入齊師大呼之曰林雍
乘

配吳氏夫人

將軍西河夙標名
武穆遙堪共品評
破敵何愁無善策
治師惟恃有堅貞
蓋忱貫世人思奮
忠個操持陣不驚
家學光前尤啟後
凌煙閣繪冠羣英

太子太保兵部尚書兩廣總督部堂孫富讚

亮公子

公諱摯字伯男遺像

漢高祖時為大將軍

六年

誅邯鄲等處有功

封

平荆侯

少時威概覓封侯

萬里從軍走青海

對天呵氣生金秋

宣花斧破震寰區

兩廣督部堂孫富讚

謨公子

公諱恂字

元信遺像

明帝十二年為

鎮南將軍大中大夫

屢敗金人遷大將軍

威震華夏封

萬戶侯

將軍伏鉞受專征　畫角油幢細柳營　敵國三年勞薄伐　王師百月定邊城

雲中金闕頒綸綍　天上銀河洗甲兵　舊是伏波威震處　好鑄銅柱續勳名

兩廣總督部堂孫富讚

通公子公諱不狃字文習遺蹟

元王時為魯卿士
稷曲之師誓不郤戰竭力而死

哀公十一年
齊帥師伐魯
魯師及齊師
自稷曲不踰
奔齊人從之
陳瓘陳莊
涉泗孟之反
後入以為殿
抽矢策其馬
曰馬不進也
林不狃之伍曰
走乎不狃曰
誰不如然則
止乎曰惡賢
徐步而死嗚
呼難矣
配戴氏夫人

闔兵助餉義旗開　關外重城一旦恢
銅柱舊勲書駱越　比肩端不愧雲臺
兵部大堂孫富讚

夏口
黃花山
長江
白雲山

車公三子
公諱冠
字仕文遺像

陳晉王景元四年
吏部尚書
莒國公

後岡
少師墓
比干墓
唐太宗御祭碑文
前道
河
河
河

忠孝祠
墓
神道碑

福唐刺史
循州刺史
通州刺史
横州刺史
端州刺史
江陵刺史
韶州刺史
邵州刺史
留州刺史
九枚墓
亭
塔
楓林宫
御祭碑
神道碑
印石
印石
印石
橋

祖德頌碑
神道碑

紫霄峯
御祭碑
神道碑

今呼惠安金嶺
九龍崗
福建始祖.
緑公墓
晉安王墓

# 譜識

## 林氏著姓始祖

按林氏出自子姓殷王子比干後昔鄭夾漈著氏族畧以為林為
姬姓出周平王時林開之後未知何據至太常寺博士族祖
寶公作元和姓纂叙林氏則以始于比干公子堅逃难
長林山因以為氏及考江陰楊信氏姓源珠璣亦以林從
堅而得姓故諸譜宗焉以比干公為林氏著姓始祖

始祖諱比干 太丁皇帝次子 紂諸父位為少師見殷將亡忠諫而死夫人陳氏（舊譜作媯氏）懷孕
三月避于長林山石室之間已而生男改名泉及武王克商乃
追封比干墓改泉名堅賜姓林氏至唐貞觀十
九年太宗皇帝征高麗師次殷墟沒進贈公為
太師謚曰忠烈墓今在河南省衛輝府汲縣

二世祖諱堅 字長思 比干公子 武王以其殷湯之後聖人苗裔避紂乱欲全身遠害其
智足以任政授為太子三監監於北方食采西河郡後
改博陵封户戈千配華氏生子載

三世祖諱載 字元起 堅公子 襲封博陵郡領戈百四十國為冀州牧配唐氏生子瑳

四世祖諱瑳 字子和 戩公子 襲封懷安郎 配 召氏生子虎
五世祖諱虎 字碩德 瑳公子 成王時爲鄉士配 陳氏生子光
六世祖諱光 字秉輝 虎公子 康王時爲大夫配 高氏生子相
七世祖諱相 字世雄 光公子 昭王時爲大夫仍作三監配 薛氏生子立
八世祖諱立 字天道 相公子 穆王時爲元士配 唐氏生子鳳
鳳 字聖明 立公子 恭王時爲將軍配 嬴氏生子詡
詡 字汝明 鳳公子 厲王時爲後將軍配 陳氏子萇
萇 字茂卿 詡公子 幽王時爲左將軍配 趙氏生子材
材 字顯士 萇公子 平王時爲後殿將軍配 朱氏子放
放 字文表 材公子 桓王時爲大夫宗賜清河伯追封長山侯配 召氏子田
田 字彥右 放公子 莊王時爲堅士晉滅偪國棄未全璧負赤子而逃配 姜氏子貞
貞 字推安 田公子 釐王時爲卿士配 華氏子英
英 字懷志 貞公子 惠王時爲太保配 周氏子乾
乾 字天德 英公子 襄王時爲左將軍配 王氏子保
保 字貴杜 乾公子 頃王時爲少師配 陳氏子儁
儁 字向英 保公子 康王時爲歲內令配 姜氏子宏
宏 字甚賓 儁公子 定王時爲大內配 鄭氏子尉
剮 字公台 宏公子 簡王時爲將軍配 王氏子繼
繼 字如宗 剮公子 靈王時爲司寇配 何氏子雍

雍 字子和 德公子 景王 時為畿內關正出為魯大夫炊鼻之戰奮不顧身春秋講之

事見左傳昭公二十六年公圍成師及齊師戰于炊鼻林雍羞為顏鳴之右下苑何忌取其耳顏鳴去之苑子之御曰視下顧苑子刜林雍斷其足鑋而乘于它車以歸顏鳴三入齊師呼之曰林雍乘配 吳氏子敏

敏 字明徵 雍公子 悼王 時為畿內拔正淑貫六經配 吳氏子楚

楚 字仲之 敏公子 悼王 時為太僕出為魯卿士配 王氏子輔

輔 字安國 楚公子 敬王 時為太傅丞相配 黃氏子放

放 字子立 輔公子 敬王 時為太傅丞配 周氏子通

通 字遊邦 放公子 貞王 時為縣宰配氏 唐子不扭

不扭 字文晉 通公子 元王 時為魯卿士稷曲之師誓不卻戰乃竭力而死

事見左傳哀公十一年齊師伐魯魯師及齊師戰于稷曲師不踰溝齊人從之陳瓘陳莊涉泗孟之反後入以為殿抽矢策其馬曰馬不進也 林不狃之伍曰走乎不狃曰誰不如曰然則止乎曰惡賢徐步而死嗚呼難矣

配戴氏子欣

欣 字子沈 不扭公子 威烈王 時為縣宰配 任氏子儀

儀 字文乾 欣公子 威烈王 時為宰尹配 張氏子撫

撫 字汝清 儀公子 元王 時為青州牧配 晁氏子鶱

鶱 字仕綱 撫公子 安王 時為左將軍配 吳氏子世元

世元 字為道 鶱公子 顯王 時為冀州牧配 趙氏子伯

伯 字萬里 世元公子 顯王 時為司馬 配 黃氏子宣

宣 字子亮 伯公子 慎靚王 時為冀州牧配 高氏子徽 右仕於東周

徽 字世德 宣公子 赧王 時為閬門侯 配 方氏子芳

芳 字茂初 徽公子 秦襄王 時為軍屯僕射配 李氏子瑋

貞 字元乾 秦王時為衛尉

伯蔦 字子孝 秦王政時為博士

尹 字正義 秦王政時為太傅

誥 字文教 秦始王時為東郡太守

瑺 字子玉 始王二十年為中將軍遷給事黃門散騎常侍配 吳氏子亮

文度 字世開 始王二十二年為但數令配 太原王氏

剛 字世強 始王二十五年為相部郡令配 汝南周氏

維 字起先 始王二十六年為會稽太守配 太山羊氏

韶 字崇道 始王三十三年為中將軍遷鬱林太守配 周氏 [illegible]

邀 字世操 始王三十四年為亂配 呂氏

治 字元立 始王三十五年為治粟內史配 何氏

亮 字元英 瑺公子 始王三十六年為侍中安東將軍配 王氏子摯 某

摯 字伯男 亮公子 漢初為詠郁郎高祖封為平剛侯配 劉氏子綦

綦 字維龍 摯公子 漢惠帝元年為中山太守配 陳氏子憲

憲 字世武 綦公子 漢高祖六年為司隸校尉配 王氏子別

別 字元乾 憲公子 文帝元年為御史大夫配 裴氏子吉

吉 字安仁 別公子 文帝十三年為廣平大守封亭侯食邑三百配 張氏子述

述 字[illegible] 吉公子 景帝元年為少府配 王氏子良

良 字伯先 述公子 武帝建元六年為西中郎將配 姜氏子公

公 字元昌 良公子 武帝太始元年為御史中丞配 河南尹氏子東

車　字汪直公公子　昭帝時為廣陵太守封平棘侯配
憑　字純儀車公子　宣帝元年為鎮北將軍遷并州刺史配
高　字尚勤憑公子　元帝元年為遠城將軍遷江州刺史配
尊　字長賓高公子　元帝元年為章平太守配
苗　字孟晃尊公子　元帝建昭元年為太子太保配
鑒　字察公苗公子　哀帝建平元年為北平太守配
寧　字安國鑒公子　平帝元始元年為征南將軍配
金　字文煥寧公子　王莽居攝時為建武將軍配
重　字世基金公子　王莽時為河南京兆二郡太守配
東　字德職重公子　王莽時為司隸校尉遷司徒終天下大司馬配
龔　字長義東公子　漢更始為攘羌校尉配
時　字敬節龔公子　光武建武元年為徐州刺史配
丞　字子佐時公子　建武十二年為散騎常侍遷冀州刺史配
吉　字世能丞公子　永帝永平二年為少府卿配
謨　字文興吉公子　章帝建初元年為東莞太守并州刺史配
恂　字元信謨公子　明帝十六年為鎮南將軍大中大夫遷大將軍封萬戶侯配
就　字元那恂公子　殤帝建平元年為諫議大夫遷司馬配
橫　字子遠就公子　安帝永寧三年為正議大夫配
道　字伯大橫公子　順帝永建五年為司隸校尉配
永　字世遠道公子　順帝永和元年為秦州刺史封關內侯配
趙　字元璣永公子　質帝建元元年為順州西河二郡太守配

張氏子憑
苗氏子高
任氏子尊
姜氏子苗
趙氏子鑒
許氏子寧
李氏子金
呂氏子重
孟氏子東
任氏子龔
伊氏子時
王氏子丞
王氏子吉
龔氏子謨
伊氏子恂
孟氏子就
宋氏子橫
任氏子道
元氏子永
任氏子趙
王氏子封

封 字?士 封公子 桓帝永康元年為諫議大夫遷秦州刺史配 裴氏子農
農 字鑿甫 封公子 獻帝和平元年為司隸校尉尚書郎配 何氏子祇
祇 字長賢 農公子 獻帝延康元年為魏健節為大將軍中大夫左漢尉配 范氏子五 長胡仕東漢
胡 字文開 祇公長子 魏文帝黃初元年為東萊潭青大守配 鄭氏子失紀
譚 字文忠 祇公次子 海西公太和元年為魏康令人尚書郎配 戴氏子失紀
池 字懋賢 祇公三子 太和四年為秦州刺史配 裴氏子失紀
泰 字希賢 祇公四子 青龍元年為威武將軍東中書令配 王氏子失紀
川 字文開 祇公五子 景初元年使持節為徐州刺史配 何氏子豫
豫 字敬?川公子 景初三年為河東河南二郡太守配 李氏子車
車 字道遐 豫公子 齊王正始元年為司隸校尉遷二令太守配 王氏子三人
道固 字仲達 車公長子 高貴鄉公正始元年為諫議大夫吏部尚書配博陵 崔氏子失紀
立峻 字元樂 車公仲子 齊王嘉平元年舉孝廉為東宮舍人遷尚書令配 太原王氏子失紀
冠 字仕文 車公季子 陳留王景元元年持節為秦州刺史遷尚書令配河東 非氏氏子王 ?
阜 字懋賢 冠公子 始居徐州晉武帝太始元年為侍中司隸校尉僕為殿中郎配天水 姜氏子九人皆貴 一子文而?之
事見史記林皇為道相九子貴人稱為九龍王閩面雄之今白雲山王田?共 ?????之今白雲本閩閩?其不見?書代之
逢勛 字公勛 阜公長子 晉武帝咸寧元年為清陵郡大守配 荀氏子顗
顯 字仲宗 逢勛公子 晉武帝太康三年為安定清陵山陽三郡太守配 王氏子業
業 字公甫 顯公子 太康四年為司馬配 何氏子禮
禮 字元周 業公子 晉懷帝永嘉元年為中郎主簿遷太子傅長配 郝氏子穎
穎 字文則 禮公子 始居徐州下邳郡拜桐縣晉愍帝時為徐州別駕遷黃門侍郎長州刺史 中宗渡江乃始入閩子二長懋次祿
懋 字世興 穎公長子 通直郎右殿中衛將軍太尉下邳郡太守危從駕 晉中宗入閩而弟
祿始入閩居焉

按自 少師至四計八十三代壹仟陸伯餘年世遠〻代實不可得而詳始舊譜殘缺梗概如右間攷史傳所載如田公雍公斂公楚公放公不狃公孚公允忠義義表於世從矣 少師垂範將來者也時詳録之庶知吾 林忠孝之有自後之賢孫子其尚知所思慕云

## 林氏入閩始祖

按 林氏歸自博陵從濟南再從下邳入閩則自 祿公獨長城譜則云 穎公仕於西晉亂隨 中宗度江乃入閩始祖近考前埭埭譜載 穆公由 夢珠公譜叙入閩皆從 祿公始二公譜叙乃郎世刺史於秘閣得之 貞觀六年所撰譜牒所傳必有定見攷諸譜宗焉拜以 祿公為入閩始祖侍御史 并廢府君續修譜系因別為遠紀一世祖

## 遠紀一世祖

公諱祿 字世隆穎公季 相中宗元皇帝南渡建武元年為東瑯琊王參軍遷給事中黃門侍郎初杜弢作亂公由耳阜共舉之破之讚備蘇峻歸晃陽亂京師又奉勅由閩係共討之將三年累勞功績詔隆安遠將軍散騎常侍遷合浦太守太平三年詔公歸朝又奉 勅任晉安郡太守行至溫陵遘疾而卒享壽六十有九歲追封 晉安郡王塟溫陵九龍之岡今惠安塗嶺遺址配孔氏封 夫人子孫晉津遂成聚族焉子二長景次暹自後凡長嶺下村莆田福唐

侯官閩縣長樂南安德化龍溪長城建江漳浦漳州漳浦南
嘯澄潮州公輩上杭枝金溪金沙鳳湖廣東江西大觀洋直
溪洋湖洋皆其裔也

二世諱景字國徽祿公長子
晉成帝咸和五年拔通直郎與鄉郡王敦虎父同避亂入晉安郡
公父長興弟　避公同入閩居侯官縣都鄉西里從征南將軍
朱寶有功授真武將軍散騎常侍桂陽郡南平侯配鄉
鄉王氏子二長緩次詳

遠祀三世祖

公諱緩字敦和景公長子
晉穆帝永和元年從司馬桓溫伐蜀有功除遼略將軍又破
壍表銓叙為郡姓之首咸安三年四月遷散騎常侍封桂陽
侯郡南閩縣開國侯配黃氏子五長漢次郎三格四熙五鄰

四世祖諱格字世耕緩公三子
晉帝時為郎中令配　胡氏子五　長煜之　次昱之　三昶之　四靖之　五晃之

五世祖諱靖之字石廣格公四子
榮陽榮平元年為驃騎將軍授太子太傅娶陳氏子六　長寅　次福之　三顯之　四遂之　五集之　六清之

六世祖諱遂之字尚武靖公四子
晉武帝太元十六年為主簿遷東惠郡南海令配　李氏子八　長勇光　次嘉賓　三世卜　四雁民　五謨林　六宇良　七珊光　八靖明

七世祖諱邈民字延隆遂之公八子
宋文帝時元嘉廿六年任郡功曹配　黃氏子七　長華　次太賓　三世時　四正傳　五正恩　六正行　七正財
武帝大明元年遷給事中

八世祖諱玉珍字世寶邈民公子
宋武帝太始元年為主簿太豫元年補功曹配　陳氏子三　長元賓　次元用　三元文

九世祖諱元次 字[illegible] 國公子 齊高祖建元元年任郡功曹配李氏子三 次[illegible] 三[illegible]

遠紀十世祖入莆田縣始祖

按林自永嘉入閩而族屬繁衍俱居晉安遷莆之北螺村則自茂公始焉

十世祖諱茂 字世盛 元次公次子 隋右丞自晉安郡移居北螺村為入莆始祖配 氏子一孝寶

十一世祖諱孝寶 字宗聆 茂公子 梁武帝太清八年補祭酒從事配 隋開皇十六年授河南縣令終泉州刺史 王氏子三長文鎮 次文濟 三文幹

十二世祖諱文濟 孝寶公次子 隋開皇十六年授洛州刺史累遷侍御史配方氏子五長國陽 次國清 三國佳 四國郡 五國陣

十三世祖諱國郡 字曾舉 文濟公四子 為建安郡參軍配陳氏子六 長玄興 次玄暉 三玄泰 四玄此 五玄[illegible] 六玄[illegible]

十四世祖諱玄泰 字復真 國郡公三子 則天永昌元年舉茂材對策中第三而效 文章博士累遷瀛州刺史配何氏子五長萬寵 次萬建 三萬知 四萬春 五萬歸

十五世祖諱萬寵 字[illegible] 玄泰公長子 唐開元廿八年明經及第授郡文學長史 天寶七年除永嘉別駕十年遷饒州刺史至德弍年復遷高平太守有誥勅三道李林甫陳希烈署名為之收藏配黃氏子三 長韜 次披 三昌 公卒于高平始塋南公路工後改塋烏齊山即屬伯韶山人授穴也子孫葬于莆田北螺東西二林家累數百丘山即其莊墅舊地上

唐實錄云泉州偽王林仕弘起兵都尚借寇南王木甫田北嶼村人其地相傳謂之林墓埔至十六代遷于盧著邑定居焉

十六世祖五 韜 字□茂甚 龍公長子

唐天寶六年為屯田員外郎配□氏子尊

十六世祖錦 披 字□□ 龍公次子

唐天寶十二年公年甫二十以經業擢第中十四名授建州將樂縣令累遷潭州刺史澧州司馬康州刺史臨汀郡司倉改臨汀縣令其地多鬼公著無鬼論詞甚正直邪鬼為之屏跡遷臨汀郡別駕知州事十年聲聞闕下御史李栖筠奏授太子詹事兼蘇州別駕賜金魚袋上柱國公解印綬歸休友西岩黃蘖苦竹三禪師四十年寵辱不驚居地有青蛇白雀之慶公嘿而不言敬宗寶曆元年詔同官長史追贈前門以第六子蘊公守邵州刺史公卒加贈睦州刺史配莫氏侯氏陳氏宋氏鄭氏陳氏贈南安縣太君子九

長葦 次蒹 叁著 四荐 五暉 六苞（已上俱鄭氏出） 七掌 八蒀（已上俱陳氏出） 九蕰（宋氏出）

十七世祖錦 尊 茂甚公子

□氏子三松柏後裔攢

十七世祖錦 葦 字□□ 披公長子

始為朝散大夫奉授西平大守遷端州刺史居官忠厚仁恕不罰而化配胡氏子三 長恕 次患 三應

十七世祖諱

**藻** 字澤乾 熊公次子

小名逆奴行年十二　唐貞元元年中尹樞榜進士第二授容州
太使累遷江陵府使殿中侍御史嶺南節度使　公幼即嗜文讀
書耻為南服農人嘗自厲曰張九齡生于韶陽陳子昂產于蜀
郡彼何人斯乃與同郡歐陽詹及弟　蘊刻意攻文明經決科
郡人擢第自公始初應入京度建之磨嶺誓曰彼鵝彼鵝睨然在
目豈取乃速失鵝祇奪　福二三子無替至京省試合浦還珠
賦稟成假寐恍惚見人語曰何不叙珠去來竊而備之其辭甚麗
及第後謝恩主考杜黃裳揖之曰叙珠去來似有神助後荐公以蘊
公相次及第歸經梨嶺援筆題云　曾向嶺頭題姓字　不穿楊葉
不言歸而今各折一枝桂　還向嶺頭聯影飛　所著有䕫藁一集
裔孫朝議大夫知興化軍兼管內勸農使開男國清之　紹定元
年歲在戊子七月十一日立　忠義儒學教授所立之橋頭嗣子惠

十七世祖諱

**著** 小名及直 熊公三子

行年十三　德宗貞元六年明經及第初調歸州巴東令
遷邕州經畧推官終横州刺史無子田園捨入栖隱院為祠堂至林基

十七世祖諱

**荐** 字德復 熊公四子

行年十七　德宗貞元十二年明經及第初推文學守郴社比
陽令後遷韶州刺史子二　長憑　次總

十七世祖諱

**曄** 字華遠 熊公五子

小名識奴行年十六　貞元間明經及第授落景司馬賜緋魚
袋遷通州刺史久疾早卒子二　長懋　次忠　俱幼依伯藻雖育成人原能世勤遺衣冠承嗣

十七世祖諱蘊字夢復披公之子也小名巳奴少時讀揭書疏及新學碑曼胡之纓化為青衿之語與兄 藻公及歐陽公詹志讀書泉山岩名行年十九 唐貞元四年侍郎劉太真下明經及第 公性剛硬不肯折節言多忤物復應賢良方正科初對策曰臣遠祖比干忠諫而死天不厭直復生微臣是以益不容於時除兵部員外郎累知邵州刺史移知洪州初西川帥節度使韋臯高辟公為西川推官臯卒劉闢自為留後叛逆謀反公與闢有舊誼論以逆順之理闢不聽復移書切諫闢怒俾械於獄將殺之 公大呼曰危邦不入亂邦不居得死幸矣闢惜其直陰令行刑者以刀磨其頸欲脅屈之 公叱曰頑豎當斬即斬我頸豈汝礪石耶闢慚判曰去之奚異乎薙草存之可近乎愛人貶攝唐昌尉及闢敗賓僚皆坐罪獨 公以全節得官還京時李吉甫李絳武元衡為相 公貽書諷以六事皆當時極弊滄帥程權高其節表奏充記室權聞蜀寇已平欲先入朝上版籍而滄軍扶權拒命 公以河朔覆轍誘諭三軍莫不惕息權乃得歸事見唐書忠義列傳新唐書文苑忠義士傳有神道碑泉山銘太守陳偉立配何氏子一惠

十八世祖諱

愿 字[illegible] 披公之孫

行年十九唐明經及第初授左龍尉將軍累遷漳浦令著作郎及國子監祭酒配王氏子二 女六 長邕 次同 女有聖行殁後神霧現湖海宋封善慶天妃至元累封護國庇民廣濟明著天妃三月廿三日誕辰莆之廟于湄州與藏有祭迄今過風濤之險寔禱即應父以妃封祐德積慶侯母封顯慶夫人

十七世祖諱

蒙 字[illegible] 披公之子

行年廿三貞元間奏授孟陵主簿累遷金吾衛長史終循州刺史 貞元十一年乙酉請放兩稅詳公文故諱之中生子一 懸

十七世祖諱

邁 字[illegible] 披公六子

小名風奴行年廿七唐明經及第初授循州興寧主簿後遷雷州刺史復任給事中子 愈

十七世祖諱

蔵 四明[illegible] 披公九子

明經擢第初調京兆參軍春秋博士後遷福唐刺史

子恩 恩公子啟 啟公子三 長光明 次光愚 三光善

右披公九子相繼入仕皆為刺史號稱九牧至今名下子孫散處不凡 廣東 江西 直隸 等省皆其裔也

十八世祖諱

攢 字[illegible] 葺公之子

貞元間為福唐尉以母喪自負土作塚築廬墓有白烏甘露之祥廉使李若初上其事德宗降詔褒異立雙闕於其門旌表門閭與九牧以忠孝並義於時今稱闕下林 蒲縣是也 天人鄭氏子二 廷魯 廷吉

# 林氏世系圖臚列于左

載至大清道光

## 科第

### 大唐

讜 殿中御史

昌 興化軍判官

從楷 [illegible]員外郎

朗 [illegible]

致 [illegible]員外郎

尚素 員外郎

琢 國子監博士

廷魯 [illegible]令

奐讚 侍御史 入幕府

說 贈金紫光祿大夫

旻 [illegible]

誕 太常寺少卿 上柱國

脩 大理寺評事

亮祚 [illegible]員外郎 [illegible]

尚清 廣東按察

靖之 太子太傅

奐註 兵部郎中

奐詳 校書郎

沙 [illegible]

壽 太子中允

元 大理寺評事

文峻 太子校書

昌 [illegible]州醴泉令

尚瀾 [illegible]

攢 [illegible]

奐訓 戶部郎中

邑 進士第 [illegible]令

### 大宋

惟正 [illegible]令

惟中 [illegible]

演 [illegible]知州

詢 [illegible]大夫

惟乾 [illegible]御史

知覺 [illegible]評事

玉 [illegible]知州

弁之 [illegible]令

載志 [illegible]令

倬 陝西鹽運使司

幼謀 [illegible]

知樂 [illegible]令

師志 司農大夫
載本 遂溪令
髦 元豐五年進士 衡州通判 歸朝請大夫
閎 政和二年進士 太常博士
彌大 開禧進士 汀州[illegible]
丑父 寶祐進士
寅公 景定進士 兩浙轉運
矩 [illegible]戊午進士 [illegible]
兗 重和元年特奏名 [illegible]
汝礪 淳熙[illegible]年特奏名 [illegible]
自 嘉熙[illegible]狀元 [illegible]
國華 元祐六年 解元
仲 嘉祐進士 惠州府知府
偕 元豐[illegible] [illegible]
載陽 [illegible]
載意 [illegible]令
瑜 [illegible]大夫 [illegible]
君定 [illegible]
文凡 [illegible]令

孝昇 阮寧令
孝重 南平令
孝康 滄州知州
孝梗 大理寺評事
孝諫 [illegible]
天禧 重和元年進士 東流令
光中 慶元進士 [illegible]
季昌 寶祐進士 [illegible]
季芳 咸淳進士
光大 慶元[illegible]進士 [illegible]
問 [illegible]
有道 [illegible]
讓 [illegible]
載葉 [illegible] 南靖令
尚友 [illegible]
載閎 [illegible]大夫
文汪 [illegible]令
選 [illegible]大夫
世鄉 松江令

孝立 鎮江府推官
廷翼 監察御史
孝閎 泉州守
孝廣 沭陽令
文昇 進士 [illegible]
孝益 南靖令
庚 [illegible]進士 福建[illegible]
汝有 嘉定進士 同安令
希孔 淳祐進士 雷州府[illegible]
伯材 [illegible]
煥 [illegible]
琮 [illegible]
鑄 [illegible]
椿 [illegible]
僑 [illegible]
傳 [illegible]
伯和 松陽令
彬 [illegible]知州
君文 [illegible]令

俛 [illegible]
文心 [illegible]令
孝志 崇化令
孝澄 永淳令
孝庶 給事中
孝稱 [illegible]令
陽保 清流令
孝善 給事中
孝仲 員外郎
尾保 龍溪令
文永 兵部郎中
瀛 紹興十八年進士 惠州府推官
析 紹興進士 [illegible]
孝淵 崇寧進士 泉州判官
橡 隆興進士 泉州府教授
龜全 清流令
貴仁 漳州通判
文之 [illegible]
方之 龍興知府
虔 隆興進士 [illegible]

誠 慶元進士 [illegible]
沖之 [illegible]
懷 [illegible]進士 秘書省少監
拱辰 紹聖進士 [illegible]
定 太常寺大丞
思民 太常寺少卿
伯顯 崇寧進士 國子監司業 知泉州府
孝芮 德化令
文瑤 翰林學士 金紫大夫
桴 紹興戊辰年進士 [illegible]
嶽 紹興三十年進士 揭陽令
孝澤 宣和進士 直秘閣
諷 銀青光祿大夫 [illegible]
積 金川令
順之 惠州府司理
益之 禮部員外郎
深之 咸淳進士 朝奉郎
郁 宣和進士 [illegible]
害 興寧進士 [illegible]
得遇 [illegible]

惟高 太常寺少卿
植 熙寧進士
伯興 政和進士 [illegible] 路提舉
同叔 慶元進士 漳州府通判
雷振 [illegible]
孝右 [illegible]知州
永保 給事中
廷信 紹興戊辰進士
準 [illegible]進士 [illegible]
孝宗 [illegible]
孝友 [illegible]
和明 [illegible]
武定 [illegible]
駒 吏部郎中
及之 龍溪令 [illegible]
輝之 [illegible]
喬木 [illegible]
寔之 [illegible]
光世 [illegible]
英 [illegible]

茂先 天聖進士 [illegible]
德孫 [illegible]
十全 淳熙進士
褒 [illegible]
應雷 [illegible]
子華 [illegible]
元龍 咸淳[illegible]
儔 [illegible]進士 [illegible]
一飛 [illegible]
大有 嘉定[illegible]
緒 [illegible]
亮祚 [illegible]
益巖 嘉定進士
詢美 [illegible]
彬之 [illegible]
叔度 [illegible]
汝大 [illegible]進士 [illegible]
宗臣 紹興進士 [illegible]
璠 嘉定進士 [illegible]
從周 寶慶進士

有之 [illegible]進士 建昌州判
嗣南 [illegible]
似祖 [illegible]
正 [illegible]
一鶚 紹興進士 [illegible]
雷龍 咸淳進士 [illegible]
羔 [illegible]
大鼎 建炎進士 吏部尚書
益亮 嘉定進士
夢協 寶祐進士 [illegible]
廷俊 [illegible]
棣 咸淳進士 [illegible]
宗鄉 [illegible]進士
立軫 [illegible]進士
灝 寶慶進士
顏 紹熙進士
師皋 [illegible]
日巖 [illegible]
文寶 [illegible]
宜可 寶祐進士 [illegible]

夢斗 寶祐進士
起辰 [illegible]
一鳴 [illegible]
淶 [illegible]
立藹 [illegible]
宗孟 [illegible]
績 嘉定進士
諭 [illegible]
震 [illegible]
積仁 [illegible]
益之 嘉定進士
宗鄉 寶祐進士
宗翰 紹興進士
志之 寶慶進士
元士 [illegible]
豫 [illegible]
師舜 [illegible]
汝沅 嘉熙進士
師益 [illegible]
日選 [illegible]進士

起初 [illegible]
嵘 嘉定進士
緯 [illegible]
蕆 [illegible]
萱 元豐進士 [illegible]縣令
龜從 嘉定進士[illegible]
廸 淳熙進士 [illegible]
俻 淳熙進士 汀州府[illegible]
洪 寶慶進士
玠 紹興進士
汝忠 朝散大夫[illegible]
獲 [illegible]大夫
士聰 肇慶知府
振 長樂令
演 端平進士
興宗 [illegible]州知州
成材 [illegible]
懋和 [illegible]
徽 [illegible]
進卿 淳祐進士 [illegible]

佺建 [illegible]
瀆 [illegible]
與之 [illegible]
文肇 [illegible]
洲 [illegible]
琰 [illegible]
宗宦 [illegible]
鳳孫 [illegible]
璘 [illegible]
仲梁 嘉定[illegible]
萬石 嘉定[illegible]
嗣先 [illegible]
扳龍 南[illegible]州[illegible]
之平 [illegible]
旂 [illegible]
廷彥 [illegible]州知州
宗可 紹興進士 [illegible]知州
觀 [illegible]
先桂 嘉[illegible]進士 [illegible]
棠 [illegible]

百逢 [illegible]令
璃 [illegible]
嗣郎 [illegible]

大明

衡 曾 洪 環 贊 熊 時 講 孫 時望 祥鳳 渚 超 宗 瑄 泳 要 棨

泰 長懋 和 經 勤 季 惇 文 繼 瑱 長清 時讓 義 士敏 品山 恒肅 乾 廷芳

道節 坦 禄 輝 同 道昭 時深 智 渠 杼 越 伋 漢 鏞 廷棨 釗 華 湛

哲甫　齊　褈　康　奎　禧　思承　全　絅　彌贊　載　時厚　孟和　源　典　道充　紹宗　有年　照　渠

興韶　憲　謇　偃　誠　大猷　鈁　講　元甫　俊　文昌　夔　有祿　文集　符　侃　季瓊　富　世明　塾

文幹　琿　達　若周　茂竹　應標　應鳳　萬潮　議　太章　茂桂　昇　文俊　禎　以善　豫　橋　大輅　雲同　汝永

兆金　庚戌進士 戶部主政 [illegible]

一山　[illegible]

鳳鳴　[illegible]

仰成　[illegible]

炳章　丙午科 長沙府同知 [illegible]

烶章　庚戌進士 廣東 [illegible]

希範　[illegible]府同知 [illegible]

茂達　壬戌進士 [illegible]

近龍　戊辰進士 廣西按察僉事

有孚　正德庚午科進士 [illegible]

繼　徽州府通判 [illegible]

益　[illegible] 贛州府知府 [illegible]

應聰　正德丙子科丁丑進士 戶部員外郎

渙　嘉靖甲午科 [illegible]

應采　甲子科 南安府同知 [illegible]

懋直　[illegible]

秋奕

應樵　[illegible]

大芳　丙午科進士

燦章　[illegible]

大融　[illegible]

大澄　[illegible]

大觀　[illegible]知縣

啟昌　[illegible]

尚謙　[illegible]

廷陛　戊辰進士 廣西副使 [illegible]

應龍　廣西[illegible]

夜章　湖廣[illegible]

堯俞　[illegible]

憲曾　乙酉科 [illegible]

諧　應天府[illegible] 湖廣[illegible]

暉章　[illegible] 廣西[illegible]

鳳翀　丙午科[illegible]

鳴阜　[illegible]

銘盤　[illegible]

義　[illegible]

大槐　[illegible]

奇廸　[illegible] 戶部郎中 [illegible]

敬晃　[illegible]

兆箕　隆慶元年丁卯科 [illegible]

烇章　[illegible] 四川副使 [illegible]

鏮　丙子科 [illegible]知縣 [illegible]

翰英　[illegible]府推官

叔果　[illegible]

應材　甲午科 [illegible]知州 [illegible]

洛益　[illegible]

銘鼎　[illegible]進士 [illegible]知州

鳳翥　壬午科中第八

士鼎　[illegible]

中星　[illegible]

傑　[illegible]

大輪　[illegible]

鳴盛　[illegible]狀元 [illegible]進士 河南[illegible]府知府

恒　知縣

北珂　甲戌進士 [illegible]府知府

桂邦　[illegible]

璣　丙午進士 [illegible]郎中 [illegible]

兆玩　[illegible]

泰章　[illegible]

雲翔　[illegible]

振元　聯桂

齊聖　[illegible]

震　宣德三年狀元

廷舉　[illegible]御史

士元　瓊山參議

有元　嘉靖進士

士科　崇禎進士

大欽　嘉靖[illegible] 海陽狀元

松　[illegible]

士章　嘉靖[illegible] 探花

朝倫　萬曆十一年 南海[illegible]

震　萬曆二十[illegible] 瓊山參議

芝橋　[illegible]

大有　嘉靖十七年 [illegible]同知

承芳　[illegible]參議

大春　[illegible]

傑　[illegible] 探花

熙春　萬曆[illegible]

養棟　萬曆[illegible] [illegible]知府

軒　[illegible]探花

冕　[illegible]知府

養高　瓊山知府

聯綬　萬曆進士 [illegible]知府

## 大清

甪譽　順治[illegible]年進士

鵬飛　潮陽進士

禮煥　[illegible]進士

諟　[illegible]進士

颺　[illegible]進士

芝　壬戌進士

丹雲　[illegible]進士

叢光　南海 [illegible]進士

連茹　[illegible]進士

承模　潮陽進士

闈階　丁丑進士

廷學　嘉慶[illegible]進士

崢嶸　己卯進士

樹儀　[illegible]年進士

蒲封　東莞翰林

良　[illegible]進士

紹塘　南海進士

紹光　[illegible]翰林

紹龍　壬戌進士

召棠　[illegible]三年狀元

鳴年　道光十六年 狀元

彭年　榜眼

其翔　[illegible]進士

汝揚　[illegible]進士

# 入閩晋安郡王

公諱禄字世隆顗公次子晋建武元年丁丑為安東瑯琊府叅軍除給事中黄门侍郎累功除拍遠將軍散騎常侍遷合浦郡太守又奉詔任晋安郡守卒尋贈晋安王

晋書

晋建興二年顗字元從居下邳梓桐縣以黄門侍郎從中宗渡江生禄扈從元帝渡江以從征杜弢功除遠畧將軍散騎常侍郎再遷晋安太守值蘇峻韓晃之亂遂居晋安望温陵塗嶺九龍山禄生景遷侯官以征朱寶功拜貞威將軍散騎常侍景生緩咸康中伐蜀有功除遠畧將軍員外郎散騎常侍

晋史載

禄字世隆顗公次子任安東瑯琊王府叅軍除給事中黄門侍

郎初元帝朝蜀寇杜弢作亂荊州刺史
周顗退走王敦遣武昌太守陶侃豫章
太守周訪討之相持未決帝從中敕祿招
遠將軍散騎常侍同進敦任豫章為
軍總授共擊破弢弢窮投水死 祿遷
合浦太守侃遷荊州刺史既弢部將軍
杜曾起為其所敗殺江州部將朱軌趙
誘又招 祿歸朝同干杜曾再任晉安太
守 祿去南離王畿為遠敦謀不軌
錢鳳為腹心沈充為羽翼負固石頭窺
向石神器蘇峻韓滉張健踵亂中原掘
動石社稷丘墟 祿以晉寶重臣分甘倡
義檄溫嶠於武昌助陶侃於楚甸驅馳
南北力疲以死可謂晉室勲臣為忠盡
者矣卒時享壽六十有九贈晉安郡王

殷比
干
孔聖真筆
音墓

# 少師墓碑誌

太宗文皇帝既一海内明君臣之義　貞觀十
九年征烏夷師次殷墟乃詔贈　太師謚曰
忠烈公遣大臣持節吊祭申命郡縣封墓葺
祠置守冢以少年明享著于甲令刻于金
石故比干之忠益彰臣子得述其志昔　商
受毒痛四海悖於三正肆厥淫虐下困敢諫
於是微子去之箕子囚之而公死之非夫揣
生之難處死之難故不可死而卜死是輕其
生非孝也可死而不死是重其死非忠也王
曰叔父親莫至焉國之元臣位莫崇焉親不
可以觀其危危不可以忘其祖則我殷之業
將墜於泉　商王之命將絶于天拯扶其顛
遂諫而死剖心非痛亡殷為痛公之忠烈其
若是焉故能獨立危邦横抗其運周武以三
分之業有諸侯之寔其十亂之臣總其一心
之衆當公之存乃戢彼翬故公之喪行觀於
孟津公存而　殷存公喪而　殷亡興亡之

係豈不重哉且聖人立教懲惡勸善而已人大統父子君臣而已　少師存則重其統殁則垂其教奮乎千古之上行乎百王之後俾夫淫者惧佞者慙義者思忠者勉其為戒也不亦大乎哉而夫子稱有三仁豈無其旨嘗觀顺之道謂存其身存其忠亦仁矣若進死退生者狂狷之士將奔走之褒生輕死苟安安之人將寘力焉故同歸諸仁各順其志殊途而揆異行而齊致俾後人優柔而自得蓋春秋微婉之義又將建皇親極立彝倫開在三之在門垂不義之訓以明之乎世則夫人臣者既孝于親失而不諫親危而不救從容安地而自得甚哉不然矣夫孝於其親其親皆欲為之子忠於其主人之主皆欲為之臣故歷代　帝王皆同旌顯周武下車而封其墓魏武南巡而祀我太祖有天下禋百神靈臧其禮進贈　太師謚曰忠烈申郡縣封墓葺祠置守塚者五家以少牢着于甲命刻於金石嗚呼哀傷列辟主君

封德正興神明秩視郡王身歿而榮益大世久
而祀愈長於是知忠烈之道激天感人深矣
天寶十年余尉于衛拜手祠堂覓感精動而
廟在鄉邑官非式閭郵（石）名表以志丕烈

大唐貞觀廿六年九月吉日

翰林學士右贈拾遺李白書

大唐朝散大夫檢校太子詹事兼蘇州別
駕賜紫金魚袋上柱國
府君（公諱）披（字彥茂萬寵次子）神道碑　刺史子蘊撰

殷之三人忝係太師枝別派分編於入閩暨
永嘉初清河　祿公牧於溫陵至十八代
五百餘載綿綿蟬聯不不迁氣呑豪家族
茂閩州乃降靈英生曾王父瀛州刺史

立泰瀛生大父饒陽太守　萬寵饒生太守
府君贈睦州刺史朝廷以莫侯陳氏有釆蘩之德歸
睦州繼室生郡州刺史封南安縣太君此府君所
以德利于家也　府君諱披字□□則聰明特達
不授教目所一覽必記於心年有十五自寫
六經百家子史約千餘卷攻鍾隸草迴得其
妙年廿以經業擢第授臨汀郡曹掾郡多
山鬼公著無鬼論廉使李貽器元奏受臨汀
別駕治州俗君人化風流十年不肅而成聲
闕下御史大夫李栖筠藉甚奏授檢校太子
詹事兼蘇州別駕賜紫金魚袋上柱國大夫
府君心感知己不能二人辭授歸林宗之韶州
六祖之教友西岩蘗苦竹二禪師四十年間
不警榮辱有白雀青蛇之異默而不言嶺南
廣帥薛公景行德輝奏授瓊州都督送語拜
而不授相國常袞康問福建知府君辭蘇臺虛
知己謝南海蔣荐於嶺倅曰　林公出處其猶
龍乎休安舒志尚潔莊周所畏得無是乎此府君
所以道充於家也嗚呼夢奠而楹齡符致事啟

手啟足甓于丘園長子端州刺史諱蒂次子殿中
侍御史諱藻次子橫州刺史諱著次子韶州司
馬諱薦次子通州刺史諱曄次子邵州刺史
諱蘊季子金吾衛長史諱蒙季子雷州刺
史諱邁季子福唐刺史諱蔬色養之下皆成
義方一門廉潔家無長物保守素業嘗恐
失墜　寶歷元年　嗣皇帝以教理為大詔
內外史追顯門前　蘊忝剖符被祏雨露哀榮
所感逮于幽明嗚呼泉山之南抵於溟渤千里
之外不啻萬禩積德累慶精熟為我先自端州
至雷州福唐皆有命子也皆世習文學此為箕
裘閩貽厥孫謀是矣皆由府君教誨之訓也陵谷
倘變世多聞人不顯不銘何以昭其德銘曰

顯殷之德　有我仁祖　匪忠不生　生必主土　粵自溫陵
世逾十五　或攻以文　或專以武　綿綿不絕　自耀门户
天縱有德　挺生府居　特達聰明　氣在青雲　幼專文學
和氣不群　進退規矩　家邦必聞　有子有孫　以保吾門
岩岩莆陽　枕彼波垠　山媚川輝　鬰我幽魂　日月難遠
道義可尊　仰號松柏　泪洒血痕

大唐貞元四年　國子監祭酒　子蕴書

## 府君神道碑跋

府君諱掖二千歲子　天寶十一年以經業第之後綿歷仕路且以千年計之不拜瑷府之命解組歸休四十年不敢干寵辱則壽當八十餘時文風初煽凡子登科諸男並任身受義方之政亦崇甚矣而墓誌中不書昇平之高似為缺典當是寶曆元年詔長史旌顯前始立神道碑追思其事故不能詳

## 府君夫人跋尾

睦州　府君夫人鄭氏生萧藻若薦薛莫侯陳氏生蕴蒙邁宋氏生莵而墓銘　蕴謨只叙

朝庭以河南莫侯陳氏有禾蘩之德歸于　府君継室

朝庭賜姻而不應不及諸諸母及初疑九人之為一孕考此則三孕所生鄭氏正室今古以母莫侯陳総室朱氏疑為側室矣

殷有三仁

朱熹書

建初二年九月穀日
御祭

貞觀二拾年三月吉日

橋陵苗裔

太宗皇帝御書

音裔

# 重修林氏先墓記

明弘治十七年六月吉日　刑部尚書裔孫俊謹志

吾按江陵墓田跋，鄧州續慶因自隋開皇居尊賢里之北螺村，先墓二十四垃在焉。續跋謂村北一里七丘並丁向為江陵上世七祖，居人至今能道者，然未測何祖也。公路之上，今積翠菴之後九丘一行並丙向，九牧墓也。澄渚，九牧之父睦州墓也。雞啼坪烏石院之上，屬山人所授穴，瀛州高平墓也。瀛州，睦州祖也。高平，其父也。九牧子也。瑞州、江陵、橫州、韶州、通州、鄧州、循州、潘州、福唐，九牧祖也。有田，澄渚林主之，栖隱僧主之，以供脩林之祠墓。若他為世遠族分，北螺徙澄渚之居，又徙瑞州。刑部隸江陵，則下井；鄧州則村行竹澗井頭。其蟻移蜂析，閩粵間滄桑變滅，祭田駁蝕，祠寢漸以廢祭。至正壬寅潰亂，墓不可守者，以九牧墓林前地施永福寺僧霞谷建庵舍，以田百畝。其後霞谷之塔與其徒絕居之墓參焉，則九牧南也。侍郎文公議遷之，不欲獨任，法為之郡，傳寺之役以左遷，費公卒，未遷。最後其從子廟廣公遺意，偕泉立祭田，樹所立神道碑，故九牧之墓前祿有祭。大明弘治乙未，季琰弟進士，明年俊起僉都御史，村房行也。又閱八年，元甫為副都御史，井頭房也。又明年壬戌，達塾留弟進士，而中書舍人戴錦衛經歷到太僕丞堪，并時以

顯前隸房也其他鎮氏寄盾士乾拔鄉書冊竹濶下井以臧人早
脈九通甚哉左布使暉公仲賢俊祖教教授公島弟子鄉憲同門進士
俊又刑部時同官也異日九牧名匡名閩天下閩人弟進士江袤賢始
之倡忠義者邵州墓發不修有司無責乎投詔例下之邵知府
陳公效同知譚公從卒義惟謹銳邠判洪不改重煩于官也李其
房佐三之一而擇其材者茂春嘉猷近多董其後九龍平峙廣善治
六丈而奇蕭僅有也竹濶下井復立華表而追正備知悅罕其
塔若墓之垣于是藏骨捕救而外勢改觀行井頭復朴瀛州
高平之墓家居之主事翁與鄉忠復割祭田於是瀛州高十睦
州九牧林行井頭又有祭天嗚呼詎知八伯年而戴筆之今哉脩祭之廢
詔恩屢奉脩飭而墓祭自天子達之士庶無間者惟今推昔林之祖亦
非古祭也小宗行之猶為無廢然推情由義起亦無害於禮也非在
有今日之心邪則亦無能已今日之報也夫嗚吠之犬青蛇白雀之異
容之知不幸祉有今如前也哉神助之文嶺之誓容知有不開發
有今如前也哉罵賊之忠詠聞之勸容知不委質之氣有今如前也
哉祖孫父子兄弟鄉黨容知不啟祐蟬續昌熾有今如前也哉神之道
不可知歟亦須自君者賢者聯其祥渙命乞其詳遂解古之若
繼祠之建田之復睦州墓之脩則又俟子孫之賢者有力
者再舉焉

按

公諱披任蘇州別駕贈紫金魚袋上柱國授莊州刺史

墓在澄者後瀧之原其發脉海固三山
也壺分當前小尖杭後三門星洋抱其
浮龍陳巖繞於右癸丁向擅首中一名
穴也載郡誌今神道碑及先祠舊時
塋南臥于巢冠作白揚離離傷也

大明太守裔孫鳴盛復起構祠以祀十一公亦
足以栖神靈於不朽矣

大明弘治十七年六月朔日

刑部尚書裔孫俊書

弘治十七年六月朔日歲在甲子

探花及第侍講學士禮部左侍郎裔孫文立石

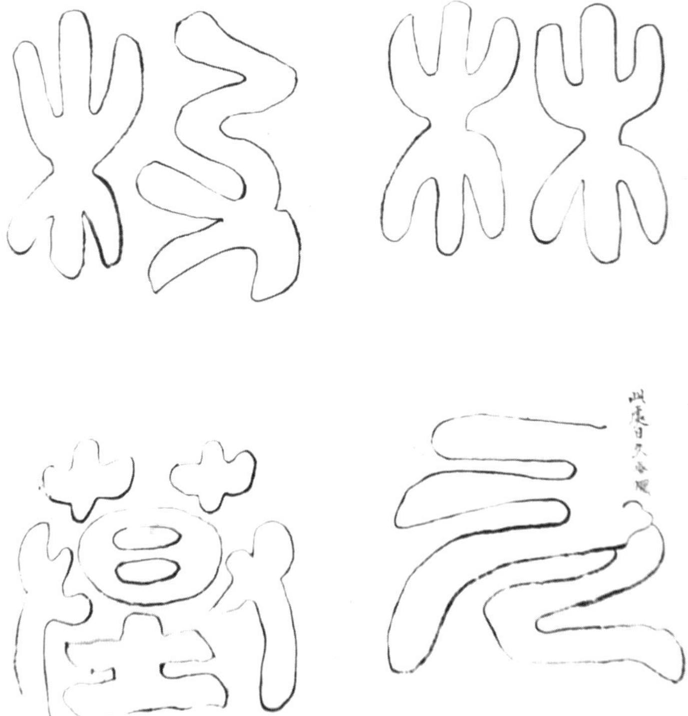

此處日久會壞

鳳林松阡

萬曆二十七年十月吉日

甲戌狀元授漳德府正堂裔孫鳴盛鎸石

山坐尊賢福平山楓林積翠菴由大尖山發
脉寬平舒放而承之九坵一烈金井亥巳
封土皆壬丙向事載　唐一統誌入閩誌與
興化府誌莆陽比事馬端臨文獻通考皆書

明布政使司布政使華公仲賢奉
朝例下興化府陳公效莆田縣掌篆同知譚公
賢取金陸檢兩脩之各房端州裔孫探花天通
判瑛郃州裔孫尚書俊都憲元甫江陵裔孫教
諭封侍御史岊同佐以私金成之

# 歷世遺文

## 龜笏靈讖

祿公（字世隆）隨晉　中宗度江初黃門侍郎除招遠將軍散騎常侍（遷）合浦晉安二郡太守門外重餘地名翁姿根之傍即墓道也前有怪石三簇嵯峨秀特後有石冠石笏石鍾石鼓前有石馬石鷄石龜石犬諸雕吉星背生成也讖云一石龜一石笏五百年後狀元出　唐天寶十一年林藻以從進士第二及第出身莆田進士開科自藻公始至宋淳祐狀元林自（今狀元坊自始）建炎狀元林詢義淳熙會元林翩南　大明國朝永樂狀元林（環）宣德狀元林文其餘非及第者不載

## 蛇雀呈祥

披公（字彥茂）幼時讀書於泉山龜石寺側有蛇常隨公之出入公默而不言年二十領明經進士授臨澄郡詞曹改臨澄令其地多鬼公著無鬼論詞甚正直邪魅為之屏跡遷臨澄令别駕御史

李栖筠奏授太子兼蘇州別駕賜紫金魚袋上柱
國解印綬歸休友西岩黃蘖苦竹三禪師四十年寵辱
不及所居有白雀棠于庭樹人以為瑞後嶺南節度
使薛班慕公清高奏授瓊州都督送詔拜而不受相國
常袞廉閩福建知公辭蘇州印綬謝嶺南奬語于從仲
日觀林公出處其循蘿守体從安舒志高清潔莊周
所畏得無是乎

唐書載

披字彥茂則丞出殷三仁綿〻不絕初永嘉清河祿牧
于溫陵至披十六代生瀛州立泰〻〻生饒陽萬寵〻〻
生公矢歲一覽輙記手寫六經百家子史千餘卷讀之
載宋紀志中　天寶十一年歲方弍十以明經擢弟授
連州將樂令歷惠州府正堂調授臨汀郡曹掾政改
臨汀鄉地方多鬼公著無鬼論邪魔為之斂跡庶
使李承昭器之奏授臨汀登別駕知州事俗習化人化
聲聞藉甚闕下御史李栖筠奏授為太子詹事兼
蘇州別駕賜紫金魚袋上柱國解印綬歸休友西岩黃
蘗苦竹三禪師締結焉所居有白雀青蚨之瑞不以告
人後嶺南廣節薛慕之奏授瓊州都督詔至不拜故常

襄相公康問福建知之語子賓曰觀林公之家其可猶子生九子俱為名刺史敬宗　寶曆元年乙巳以六子蘊守郡邵州推恩加贈睦州刺史自北螺村移居澄渚就陳墟市地築草堂精舍砌梯雲橋為岩穴觀之勝出處功名稱為完節云

長沙府同知裔孫炳章書

## 唐史

林藻詞賦清贍喧動京師　貞元七年杜黃裳下進士及第還珠合浦賦青雲干呂詩杜公初領文柄闈尸樞務〻乃微行訪之稱其今年主司也出牽場久矣不能悉知一人自得之矣其他誰乎樞曰子弟有崔元略杜門祇進言　林藻今脈楚杜公大喜其年樞為首選藻賦初成不叙珠去來

長沙府同知裔孫炳章補遺

公諱藻字緯乾　出晉安祿後傳四世瀛州刺史立泰生高平太守禹麗傳睦州刺史披公係披公次子少負志不群與弟著曄蘊四人築室讀書在

福平山清源歐陽詹閩而就之莆先倡雅從胡氏少業書公雖成家學先是皆以明經舉薦然科里進士雖有司李公綺為是邦力倡詞風無有脫穎之者公與詹決意詞賦或值杜黃裳下進士舉率諸弟以應道經梨嶺題曰彼鵝彼鵝魄然在目堅取乃連及入試青雲干呂詩珠璣合浦賦草成假寐聞有聲厲曰何不叙珠去來竊而脩之詞藻清贍遂以 貞元七年辛丑登尹樞榜進士第初莆嶺文炳閩尹籍籍訪之尹曰子弟有崔元畧杜門派進言林藻令派楚是年尹首進林藻登第十三及謝舉主揖而進曰叙珠去來似有神助諸弟皆相擢登第公歸題詩於嶺云 曾向嶺頭題姓字 不穿楊葉不言歸 而今各折一枝桂 遂向嶺頭將影飛 初授容府支使遷侍中御史嶺南節度使終江陵刺史起瓊州都督不赴今澄渚西南隅草堂掃雲軒遺址尚存焉他如延壽福平山南寺西路邑山清泉山皆公讀書處焉有雜藻集傳世最善隸書胡酉之變脫落不存僅有開懸帖傳書譜中大雅君子稱其婉約豐妍得智永法筆云藻以進士破荒為莆人之倡莆至今才學其有所祖矣

# 唐史本傳

公諱
蘊字夢復性性剛硬時崔子本席於誇族氏蘊答
曰崔子弒齊君林放問禮之本孔子以儉為大懿又對
士問蘊何也曰閩人也又問閩中何所有答曰人則王
霸登征物則定平古劍既而判閩所出碑說推官
長沙府同知裔孫炳章書

# 珠還合浦賦

藻公省試

主考題以不貪為寶

伊至寶兮無脛能至彼明誠兮有感斯致昔我
往矣忽貪濁之不恒令我來兮表廉平之尤
異既有忌來亦有自信格物之遂修身而後物
遂且夫合浦遠郡溟漲之灣靈生于彼寶
孕其间郡振貪人雖懷土而湏邦居廉士
從潟海而頁遂其去也山無色兮氛霧冥
冥海無光兮空水浩浩尋之不見其所宅
望之徒抱其王寶其來兮川有媚兮祥風習
習地有潤兮生物振振召之不測其所覩之恒

美其至神是以至人察有来往之休咎盥
此得失之長後乃曰與其瀆貨以敗名曷
若藻身而無垢尔以瑰奇是玩我以朴素
自守申所好兮爾新棄爾所好兮申所
吞故得卓出殊流居然難偶珠不得不返
於舊所名不無于可久向使至仁之道不夫
溢目之寶是耽則彼珠潛秘穴從澄潭安得
表尔之寶德旌爾之不貪此留康莊之德
潛流報應之符弗昲誠足效于人瑞豈無求
乎至物已哉彼不寶其寶不奇其奇守謙
讓兮崇謙擣寶自至兮奇自隨何必恣
所兮窮所為使盧貺不少集物情有離
者乎

敕

封

慈惠感應天妃娘娘林氏序

宋家史載

宋都巡　愿公娶王氏生六女妃最少初生
湄州之土恣慧異常常不俟舟浮席坐

疫海年三十不嫁出神而没鄉里感其
靈顯為立祠湄州號曰通賢神女水旱癘
疫禱者輙應凡舶海者必告卜卜吉乃發
若於風濤者呼神即救有火如流星現則
解　宣和時與高麗通使給事路允迪浮
海往聘同行七舟皆沉没允迪乘舟飄泊艦
濤中扣首哀號俄有異香忽一神立檣竿
轉振西風息舟蕩得以平寧詢土人頗未審
異使還振于　朝廷詔令以廣濟靈女額廟
紹興二十六年以郊典封靈惠夫人三十年
海寇劉巨興犯江口衆禱求脫路俄風作逆
其神立空中寇見驚遁有司奏請遂加封
靈惠昭應夫人已而旱疫衆祈得雨神降
居民李本家云去朝夫許有甘泉我為鄉人
續命飲斯病痊衆款其地斥鹵然謂神
不妄試揷戶泉汪汪溢出飲者立痊因名曰
聖泉并東海有寇林九稍出没漂掠官不
能制郎將焚香求助一夕寇自迷一舟艤前遂
就擒事聞加號崇福靈惠昭順夫人乾道
弍年巨寇五千人陷溫台弍州　福興都巡檢使

名將姜特立往討之沿例亦祈于神風起舟覆
而賊殲滅加號善利顯應夫人再易靈惠助順
妃 開禧三年金人代闍徐淮軍衆有神以香煙
農佩滄庇者金花壓面鎮接項雲霧滿然若甲
胄萬騎空中騎旗幟大書靈惠妃號金人戒大
敗再戰紫金山又敗乃引去提關加封靈惠助順顯
衛妃嘉定十年海寇周六四騷來鄉民無脩十尖
無聊各老幼夫婦叩首徽祐忽賊舟膠于沙擒戮
破裂衆環攻而獲犯之朝命復以英烈加號協靈
惠助順顯衛英烈妃嘉熙元年錢塘以江濤至堤
江堤決于潮ゝ近艮山神祠若有所障而回後以
江堤攻成改封靈衛協正嘉應嘉慶妃 寶祐四年又
封靈惠協正嘉應慈濟妃其祠譽白錢塘以江濤乞
靈有行加號興化路以歲旱蒙庇又請易封乃勅號
以協正為顯濟 景定三年推恩特封父 恩為積
慶侯母封顯慶夫人姊五人俱封惠慈夫人 紹定
戊年十有月賜祐德廟額 國朝以海漕大計嘉翊
衛功累封護國普聖庇民唐濟福惠明著天妃至
元十八年辛巳封護國明著天妃 大德三年八月加

護國庇民明著天妃　延祐元年三月加護國庇民
廣著濟明著天妃　天曆弍年十月加封護國庇民
廣濟福惠明著天妃并賜靈慈廟額至正十
年弍月加封父種德積慶侯母育聖顯慶夫人至
正初海當春運副使扃戶趙知事領之舟涉萊州
洋暴風壞柁舟人皆哭知事慕手團抱其印跌立
大雨中申禱哀求里霧中忽飛火一炬焱焱然柁師
大呼曰神來無事即落燈霽火緣檣下入巵中不
遂息已達成山回視船底龍骨縛刷矣閩廣淅行
祠百有餘所而航海神顯尤為奇著我　明成
祖文皇帝七年中貴鄭和通西南夷禱妃廟求
助濟利涉奏聞封護國庇民妙靈昭應弘仁普
濟天妃娘娘之神　搜異記有詩云

星斗斜環北　蓬瀛直指東
秩髙洲嶼白　日出海波紅

天后元君有涸州聖蹟弍本
首城書芳街聚性堂發兌

# 莆球林氏歷代墳陵叙

子孫者祖宗之支不仁痛痒氣關塞不貫容知乎㣲息呼吸血脈形骸何不於所自乎於是圖風水二十四面卿舊塋柏之思始繪晉安郡王　祿墓者繼温陵而覩見之斷碣瀛州刺史迄我先子以其本支立室纍纍偃卧鶴表人壽見有丁令威已無俟問五父之衢一披閱俱在焉於是乎散步蒼莽過北墺村工坵山未黍離明傷及先世廢宮圮坟之感為之圖二十四丘與七丘一行龜斷虬次孤兔泪中箴兮登嶴背小尖山龍煙菲望海門則鵝啼坪入睇恍翁雕左啼而右吠為之圖瀛州高平二大夫墓焉吾子世代故居一丘一壑而壺嶠當前小尖枕後三洋門望洋抱其左浮龍東岩繞於右乃上柱國公幽宅牛眠在焉澮神精舍利子勝九曲兮問主人野老熟為梯雲軒積翠菴忠孝祠樓凄風飄雨指九牧為一行莆世家不恒有焉既翻閱唐史傳大明一統志諸書足以證訛言之謬矣家譜毋峯安肅清朝天門亮三百武仙人佩劍臭以三代祖參軍兆焉金甌玉魚家墜地焉暴風拔木始獲長壽老人字意定穸以茫茫吁嘆乎五百載更其築與山自大車飛走入東城峙小柯山之右八風不

動烟火鼎鑊五世祖真宅在其下海風披拂朝夕微茫
令人生吊古凄涼之心喬樓下溪枕彼百雉扶蘭公九華在
其左右隱隱佳城椰氏長眠安地下乎而占驕龍旺氣
左右壘石劣擁列門閭庶妣王氏山靈真呵護矣一百頃
松杉櫝可材焉咔拂庵施水亭之前翁仲人保守前
隧三龜墓當其中諸坟羅列前後倚鷓鴣而葫蘆
者六世祖考暨七世八世與諸祖考妣埋玉也肩肉萃
於斯亦焉鬣龍章昭峙焚黃乎催舟之航登瀕
溪上石門有予九世祖兩舉解元墓焉將軍獨旗鼓
列前翠微青螺色褭西堂宜占天穴矣而列代子孫發
祥顯貴闡維分風劃水摠不离祖山近是十代宣教公
兎依白沖豈徒墓近要離而已哉鳳山僧利地勝栖東
十一世贈通直郎公神道碑豎焉伏臘烝嘗從諸伯叔
大夫之後松楸墜落天風時衣掃冠文物若儼然焉出南
廂道瞻獨峯不屈龍滚滚無來蹋衣攜杖若凌霄漢
參星霞諸山如撮海蘭收迎者一十弍世朝奉郎公坐
于巔城一奇觀也鳳鳳鷄峯勿論已山從石門起巒頭
遶溪田而住者也祥恩山也十三世貢舉宣教公塋城隔
越咫尺精神依白沖附順其祖矣白雲蕉坑占斷壺公

之麓云霞點綴神鬼削奇駢絡吞吐瑰琦焉次汝定公葬存群致仕夢珠公同埋骨焉一上二下登祭歲嗆然焉堪輿孕秀血脉珠連迤十六世直學公則並附祥思山十七世貢元公而得名也三房鼻祖歲久癈祭予總角從學博士升伯父登其山地師相度渴不利予孟季二房噫物無兩大盛衰何伏互相乘矣能自積德淬勵其他遠自有光耀于地氣多萃自西北十九世祖考進士外祭酒二十世進士外翰公合並龜文山之麓穴名卓堤尚未癈發子孫宜知所以答神靈矣從此紆徐里許即二十世冠帶朴庵公塋在石室岩之足順龍向南水自西瀉夢者多奇異焉植禾一年植木十年植德百年茲其秋乎從以上七里山層疊崖懸洞另一天世界則二十二世冠常篤齋公合其冢子博士永芳公坟稍隔右肩十數武即二十三代經綸居士懶餘公合其冢子大治公山來自龜目峯南來蜿蜒飛舞至結穴處殊藏聚土人號為林陵山近諸祀孝子賜葬有白鳥甘露之祥曰林塋因地而得名也噫凡此實繪圖意也倘台墳後子孫之責邦乎壯志不遂業以風蓬累負兼安能明瞻

大事哉桑田變遷陵谷猶存藉之祖宗功德諸子孫大夫
咸靈山水環鎮鬼神呵護埒天壤長旹
龍飛萬曆乙丑五月吉日　弍十四傳邦平書

唐貞觀六年

中書令西河公溫彥博述

林氏之先出自黃帝高辛之後也黃帝乃有熊國君小典之子姓公孫名軒轅母名附寶與視大電光繞北斗樞星照于郊野感而有孕越二十五月而生黃帝地名壽丘長于姬水龍顏而有聖德受國于有熊氏納四妃生二十五子得姓者十有二人有姓祈已滕葴任荀僖姞嬛依是也餘姓感承四妃之後或承堯舜禹湯或因采邑或因生而得姓或因官而命氏黃帝生雲相雲相生玄囂玄囂生蟜極蟜極生帝嚳帝嚳為高氏辛氏娶有娀氏女名簡狄從帝祀于高禖浴于玄丘之水見玄鳥遺卵取而

呑之遂孕而生契〔詩云〕天命玄鳥降而生商是也長賢
而善擬藝教民嫁穡舜既登庸進契於堯拜為司徒佐禹
治水教民有功乃封國于商賜姓子氏契生昭明昭明生相土
相土生昌若昌若生曹圉曹圉生冥冥生振振生微微生報丁報
丁生報乙報乙生報丙報丙生主壬主壬生主癸主癸生天乙謚曰成湯
伐夏桀得天位為　殷傳太丁太甲沃丁太庚小甲雍己太戊
仲丁外壬河亶甲祖乙祖辛沃甲祖丁南庚陽甲盤庚小辛小乙
武丁祖庚祖甲庚申庚丁武丁太丁帝乙而生帝辛為紂暴虐
無道殺害生民比干紂諸父帝乙庶兄也有賢行佐紂為孤卿
見紂無道微子去箕子囚累諫不聽乃嘆曰主過不諫非忠
臣也畏死不言非勇也見過即諫不用即死忠之至也乃奉
面而進諫不去者三日紂問何以自持比干曰善行仁義所
以自持耳紂怒曰吾聞聖人之心有七竅信有諸乎遂殺比干
剖視其心而焚其面下令曰宗少師妖言惑衆故誅之又剖
比干次妃胎而觀之〔書太誓〕焚炙忠良刳剔孕婦皇天震怒
命我文考是也時正妃夫人陳氏恐禍及之甫孕三月即同
侍婢四人奔于牧野避紂之難於平林石室之間而生男
名堅字長恩至周武王伐紂平定天下夫人將男堅歸周
周武王以其於平林而生遂因　林而命氏賜姓為　林氏

馬武王又以其殷湯之後先王之胄且能遠害避紂之難以
不絕其世其智足以任政拜堅為大夫食邑博陵受封爵爲
夫人受姓各有所因或因生而得姓或因官而命氏有功則加
官而命氏族邑亦如之是其義也如黃帝生於姬水姓姬堯長
伊耆姓伊耆舜誕姚墟姓姚此因生而得姓也因官而命氏者
司馬司徒之類也官族者若孟孫叔孫季孫之徒也食邑而姓
取地而姓者各因其封若管蔡宋楚齊魏梁是也故受姓
者實有所因自堅公以後博陵子孫遂成桑梓焉歷周
秦及漢周至玉組金繩枝黨繁興榮蔭當世秦政以上
遇始王焚書抗儒譜系絕落後漢之末遭董卓遷都
長安墳籍亡失卓言林門宗黨強於河北漢受卓蒙
昧譜宗家七伯四十四人同時被戮昭穆失序降于三國鼎
立綱紊天下凡為爭雄生民惟習武功莫知文藝爰自
晉代失馭五馬浮江戎狄亂於北土衣冠被於南地並
以枝分葉散前後紀牒為所闕漏或建功立效著積一時
或高上林泉自擯亂世孝子順孫忠臣烈士名譽當世而
處夫高絕羽又況本枝蔓衍世胄紛蕃流諸百代不朽
之辭身沒存言之義自非建國節立奇功而以著表一時垂名
千載鮮有不墜者矣且日偽西落月兎東移朱明與白藏

交謝立吏其青陽代序以玆大族　皇帝之苗世家
諸侯之胤忠臣孝子文德武功各擅簡芳俱傳桂馥
著焉馬遷之史記傳述殊名撰篇目之繁文君臣異式
莫不代記相承昭穆江序及觀受姓得封之恩編諸王簡
則世族可尋源委可究桑梓卜居丘陵北域或值時遷
而南徙或遇世亂而北移或因爵而西流或因官而東從
雖復三江殊溜會岷山九河塹分終歸滄海綴集條貫
擧宏綱目派系雖別於九州星海還同於綿象自博陵受
封下及貴賤無隱恐失根序無或遺漏具題繼封名曰
宗譜准夫命代奇績蘊在茂陵之書冠世高勳先
紐丘明之史各隨事實欲其言傳庶幾前代哲人尚或
有所考云

溫彥博敬書

大唐景龍元年十二月十五日太子司議郎薛南金撰

林氏血脉相生金章玉牒墨綴朱連寶軸錦標序

嘗聞天地未分之時狀如鷄子上清下濁至混沌之後名
為太乙太乙之後為太始太始之後名為太初太初之後

名為
太古太古之後名為太老太老之後名為太素太素之
後名為太盤古太盤古之後名為開闢開闢之後天地始
分降氣清而為天則有日月星辰焉降氣濁則為地則有山
河水陸焉合清濁而成像則為人民萬物之差氣清為上為聖
人氣濁為凡庶之類各稟四肢之形同得五常之性並受天地之
氣結為男女之差既有男女則有夫婦有夫婦則有父子有父
子則有兄弟有兄弟則有君臣朋友有朋友則有君臣有君
臣則有爵祿有爵祿則有謚號有謚號則有封邑有封邑
則有茅土有茅土則有親疎有親疎則有宗族有宗族則
有籍譜有籍譜則有昭穆有昭穆則有尊卑有尊卑則有血
脈有血脈則有相生者也林氏承少師大聖之後血脈相生然邈其
所自則居橋山之下首曰軒轅出顓丘之陽延傳帝嚳以至重華
文命俱承黃帝之苗裔周發商湯並出高辛之胤胄堅公賜姓
食邑於博陵祿公承危遂過江而南度厥後散在九州雖東
西而歸一播遷四海雖派別而源同由晉而唐聯綿不絕一樹萬
枝同其根本而有榮枯之餘一鳥於羽同一翎翼而有長短之
之毛或揭被輕裘其出公卿之胤或負薪佩玉不廢連枝
之義詩云獨行懆懆豈無他人不如我同姓嗟如之人胡不
比焉邇人無兄弟胡不似焉遠則同宗近則同祖宗既同

不比他姓是故百代之裔歸于一宗千葉之產本於一株林弱則枝微株强則葉盛既盛則有譜以聯屬之條析之明統系相聯代變相傳萬世不朽祖在金章千載無亡編之玉牒若朝霞散彩五色成文若網牽紀衆目就緒姓氏之經緯昭穆之紀綱墨綴朱連有可考也明一宗之原定九族之疏戚標寶軸在目前也由是世數綿遠枝葉散漫者系有序焉勢有盛衰流亂遼隔者品秩不與焉今古相承班序供定問宗不辨問世不叙以傳宗紀以衍將來皆係於茲譜也夫宗者統也總統相連之謂也譜者佈也敷佈世代之謂也詳載綱領述紀源委謂之宗系條録婚姻分別支派謂之譜籍觀林氏之譜則知聖帝明王流風之遠忠臣義士餘慶之深是爲宗譜序

大唐景龍元年臘月吉日 太子司議郎薛南金書

# 唐定姓氏

大唐貞觀六年五月十一歲在壬辰自今以後
明弘禁約准前件郡姓氏族所出者許其媾
夫姉結婚之始非舊委識必須究知其譜
裔相承不虛者乃可為匹共一百九十八姓別有
二千為瘵眼　梁天監七年　御史中
丞治譜王僧孺撰大姓氏郡門條列於左

馮翊郡四門　郭林嚴吉　下邳郡四門　陳林皮趙
晉安郡四門　林黃陳鄭　齊南郡二門　林　賀
後郡非林與者自書

光祿大夫吏部許國公士廉稱　勅命量定天下氏族
貞觀六年十月命西河公溫彥博勅　旨依奏　晉司定清河公崔林
一定氏族　齊大尉文靈公臣王儉一定氏族　尚書中兵部臣賈托
一定氏族　勅定四海氏族謹依家藍譜皆續後生并狀申入京師
藏於秘書閣全晉定淨本一通以永後生永傳不朽根本耳
吏部尚書臣高士廉
中書舍人臣徐令言等奉

# 重修林氏春秋序

古者國家藏乘有司掌於史職傳章目之禮官奏之秉官總之自祖龍燹
為郡縣而司廢之矣而海內學士大夫家始為譜矣其最得体者唐李秀宋
歐陽蘇明允諸家也龍袞之者不一故至於今氏姓大明宗統弗亂人無易流易
焉之患而東禮近遠之室皆知親其所親長其所長幼其幼家齊治國天
下平譜之力大矣第世官則祠廟建諸之朝庭而用樂舞燎營以三獻之者鄉
大夫也祠祭營之鄉偕禴祀嘗以主祀之者家長老也世官嵩之王庭毋
論已祀祠祭行禮之俗不一或重嫡宗子宗孫之說是也或重年高行峻遺之
說是也聖朝寬政庶氏之祀祖沐寢有祧而祔准近遠無祧以有祧
合無祧法有盡而情無尽洋洋乎不其倫耶祀典蕭然而昭穆俱錯弟離
析移徙之無常遠近親疎之不一其分者若星羅木析其合者猶提綱挈領
是以遠近大同高卑之辨在是也夫譜者布也佈之者使觸目易見宗者統
也統之截然不敢僭越為戚之道也吾林自周少師強諫孔子仁義之謂而剖
其心而死也創娶孕婦祀不幾於絕乎正妃陳氏夫繼難於長林山石室生子
名泉周武王統天封比干墓賜其子姓曰林改泉為堅取其誕於林木之中石室
堅貞之義也嘉其不絕祖嗣其智足以任政遂肸土於博陵博陵者西河也冀
州自蒼河以西統於博陵蓋諸侯之長也及其數傳至西漢尊公以其學論石
渠封於齊南齊南者齊地也漢怪其廣而劃齊以南為郡易水為限是以

後稱西河或名濟南其族一也莆宗盛于九牧而半在百粵百粵尚狀也南穴
在北而子孫半在南猶南族九牧也九牧在莆而子孫半在粵同譜考之如此閩
石顏林出於福唐龍公後莆員外郎應聰公以言事謫其民以言事徐聞至其
族賦詩晉建宗入建安郭然樓望之樓依然在也又如北到任路林出於龍公後稱
會趙公與莆田誠公計偕入北闕夕討明世系誠公賦贈子政六十三致後莆坤公
任會邑庠教與博士顏臣公再加牧子馬恩來東門林出於瑞州公後莆塑
公任廣東布政使司參議至其族羊城書香里亦出於瑞州公後莆宙公總制兩
廣尋其族香山大涌林出郎州公後莆宮保尚書俊公嘗寄門生鹽法
道譜牒一部盡通令行香山令着排年共結是否令其子姓領之至後司
冠俊之子適又戶香山得拜其瓊州北通林暨瓊山大林亦出於瑞州南巡宰
兆英曾查其族今皆衰替蓋二地後先入瓊皆兄弟也今猶魯衛也吳州下
街林亦出於瑞州後也莆翰英以青田令謫高州府教授攝篆於是邑到其祭
又莆兆其任高郵判官嘗奉委丈量夜宿其祠寢席不安提燭夜起忽覩
其題主而拜之遂知新會嶺背村林原出於上山其先於瑞州八代孫謝生.
子祀祥任于海康因家上山上山傳八代春軒公又遷嶺背村莆博士桂芳以
往邑振芳於雷石維到其宗振芳取家史查其流寓之始自謝公迴上瑞州
七世名字皆因時令其子二伯哲等賫扁到祠中長子不幸卒其族崇其
後厚念詒事桂芳歸考謝公墓舊附塋於鵝鵝飛三祖毫琪之旁
纖細偹詳事非鑿空要不具載詩云獨行惸惸豈無他人不如我同

姓嗟如之人胡不遄焉人無兄弟胡不似焉猶然而況於連枝共葉乎文昌白延林溪西林一族雨分兄弟宗也又出於邵州後北墟初至其族桂芳後對其族宗系同文献亦同毋容喙矣嗚呼統皆是吾世族也雖有親疎之不一稍遠者為九牧之後近者為福州之其初同幹也再則同枝也追原同本則同根也人之一身指附屬焉肘附脉焉精絜其餘與之枝岐而二之必出於空桑然後可嘗謂仁人君子然乎哉嗟乎于墓木拱矣掛劍心長茲歸後命於父老與縉紳大夫俾徼福於先公之靈倘有遊宦不忘所自則開與廣同也豈不幸乎

龍飛萬曆歲次丁巳端午後四拾日

端州朝散大夫習博士家業 裔孫 桂芳頓首書

## 重修西河郡北到家史序

嘗謂譜者不刊之典不朽之業自受姓以迄今無慮百世藉不為有譜者以紀之子孫遂稽而博取乎繫吾林實出於王子比干之後比干傷君之無道痛國之將亡疊疊乎據數百言以極諫而遭殺戮其孤孕於石林而生周武王賜姓賜氏食邑博陵林所自來也傳世既遠至唐邵州刺史蘊公

冑苑諫劉闢之叛宗奉禮郎涣之使閩太上皇被虜刳身皆忠孝〻狀
家新會縣治南六十里舟行至仕路有林聚居烟火桑麻耕讀閥閱蘊公裔
孫涣之公分枝也其鼻祖闐北到仕路自上大夫護公始傳三世鳳孫衍任豫
章督學祖勲業彪炳當世澤綿綿不絶當宋之末時際陽九承與浮海劉
於國州陸秀夫張世傑擁護幼主間関戰禦陳宜中募兵於海南文天祥倡義
於河西元張弘範來舟瀕三戰將士無食大風傾覆帝昺溺水楊太后赴海而死
此其時也當年予諸祖獲公棄官隨駕捨身殉難慨宗事之已去分甘一死救
藏育楊栖遁海外幼子云尚有二弟王子孫子元人索之甚急公乃匿之於家
變趙為林改曰大奴又曰奴奴莫以全其宗嗣而延其血食俟國家承平令復其姓
使天水西河不至相混噫即此一念真毋心貫日九死不回使杳孩兒夾馬營之
脉不至於遺腥膻芟滅而延三百餘年繞天之祀皇天上帝太祖太宗武監
臨林之此林之所以有功於趙趙而林後嗣俱相依於北到之地也林自比干剖胸
剖心而至漢遺經言陷害宗家七伯四十餘人駢首就戮緣以忠心為偽毅然不
欺諸此類也世宜襲其餘緒矣至晉五馬度江羌戎煽禍予禄公奔馳南北
屢立戰功暨懋公景公皆揮戈登壇從王伏義當年杜殺蘇峻鄰晃之徒作
亂非我禄公兄弟父子祖孫之力晉幾不為國矣獲公忠義可追遠祖而勳業
能媲美晉朝林〻燃〻不為譜光哉以宦為家來自莆中十有餘世而烏可
忘哉今斯譜也紀其水木之原曰姬水曰陶唐曰耿曰殷曰博陵曰下邳曰晉安
曰莆田曰北到紀其祖德之深曰黃帝曰契曰比干曰堅曰禄曰披曰九牧曰蘊

至於支派曰世系曰世紀曰本宗世紀曰渡江以後世系曰九牧世系紀職與則曰
御題曰御贈曰御祭曰御勅誥曰名公品題曰名公賦詠紀出處曰科第曰
歲貢曰馳封曰馳贈曰蔭敘紀履歷曰宦蹟曰墳塋曰壙誌曰行狀曰事傳
曰贊叙紀藝文曰内集曰外集曰贈文曰輓詞建祠置田曰祠宇曰書田曰
祭器曰果樹曰山林曰舊蹟曰新立以至遺像有圖風水有圖遷移有載
歷郡有載忠孝有述德行有述貞烈有述文章有述賦咏有述
碑文有稽叅軸有稽綽楔有稽封版有稽文移有稽批劄有稽郁
郁乎譜不具備載歷代修譜有人如溫彥博王僧高士廉此皆奉命
而修譜也吾家有恩公鐒公惠公可貞公此皆修于唐也夢珠公演
公儀公此皆修於宋于元也璋公璧公茂達公俊公若周公兆瑛公
炳東公此皆修於我明也噫代有文献舊事不淪於野是為吾家之福
諸公之力也因並而述之

萬曆歲次丁巳登高之節九月重陽日也

裔孫 邦平 桂芳 再頓首記

# 新會仕路吾林宗譜序

賜進士出身中憲大夫致河南漳德府事鳳林山長
閩莆端州二十四代甲戌狀元裔孫鳴盛譔
不佞鳴盛致漳德政歸鳳林下鳳林即古楓林予祖
理王之處不佞為營生壙千秋〻爲祺魂魄與依其
祖忽同大司成東翰林侍講學士姪堯俞嘗
賜告歸宗人謨其脩宗譜曰史必具三長殆德不堪而家
曲故文獻則博士叔柱芳公在爲以咨之芳具言宗系
者舊有載籍足徵且脩莆之近地易查泒之遠逸難
紀既云葛藟倘其遺之亦缺典也吾宗諸房祖居粵
甚多所知者沙岡菀公五代孫森公始潭江嶺背村端
州幕公九代孫杞公始北到喀頭及香山大涌蘊公十二代
孫涣之公始閶嘗聞新會縣治南六十里為北到村有
仕路林林氏實郎州刺史蘊公孫歸獲字五鼐號光山仕宗經
竹符任柱國上大夫宗仕流離顛沛航海厓山翊輔幼主以匡王
室其與三大忠陸秀夫張公世文天祥實同戮力不避險阻
既而光大將張弘範席捲厓門欲吞其片土早潮三戰我兵
疲斃時將劉維以奔命琼厓而舟重難移將士無食猶恐離變

大風迭作蹈海萬有十倍（史稱赴海十萬之尸）宗事至此始無能為矣夫元不從而敬重焉可忘哉當時無以身又何有邊厓門之間猶曰宗壞土也妻兒依於崖門之堀猶宗餘地也依栖天外不復元之版圖詎知百世之後子孫枝葉而聚居閭閻也哉噫忠臣孝子之後天多不闡氏其真誠而俾爾熾猶比干死於諫而後愈昌與天可必也比到當年一番土捨生殉難者之所栖遲孰意至於今日月大明變為聲名文物之會簪纓禮樂之鄉無亦諸臣殉難節義之所風者遠乎予於是知吾諸祖之有光於北到也宗譜安可失所自乎家譜獨國史也國史以載善惡明黜陟而昭賞罰家史以載功德闡祖宗而開來世也周禮於宗系之成也必使禮官諷之樂官歌之宗子孫之室老藏之抑何其重也哉有如此北列族公効忠以起家乎有如烏鵲之瑞以動天乎有如神助之賦以矢佳乎嗣是而蓋菴宗臣公之賢良任瓊州刺史少峰鳳孫公之明經而任豫章督學文秀公之才力而保障一邑樂菴起公以科第而任北流之名宰茂山仲良公以貢舉而任茂名之師訓政事文章婉美世代而祚我宗祧師我後嗣其林之億萬無疆之端是矣司成舍姪遠稽述來意殷殷幸有復以實惟祖宗之靈子姓詵詵之念也謹序

旹

龍飛萬曆四拾春長至前七拾四日下浣之吉 甲戌狀元 鳴盛書

螽斯衍慶

宗譜

長發其祥

十七傳裔孫少成重抄

大清光緒拾五年歲在己丑孟春穀旦

# 考世系

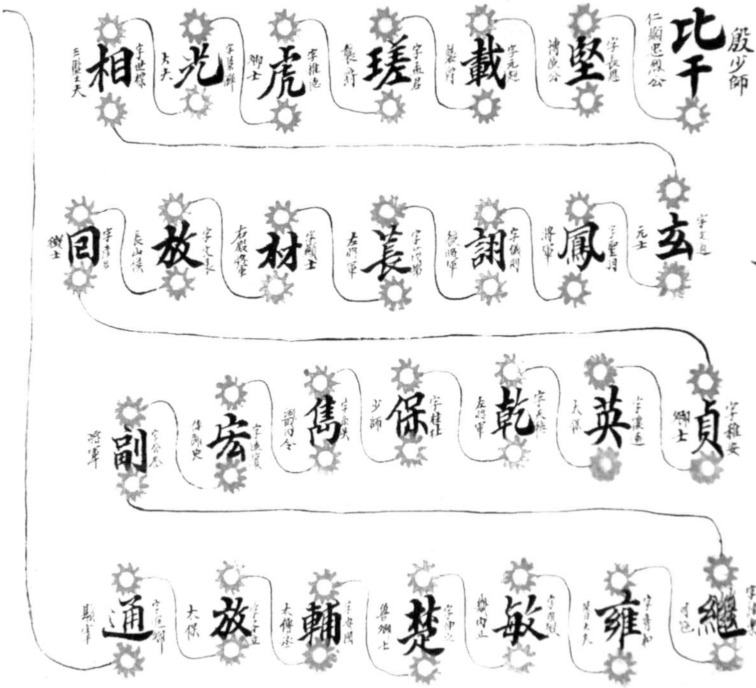

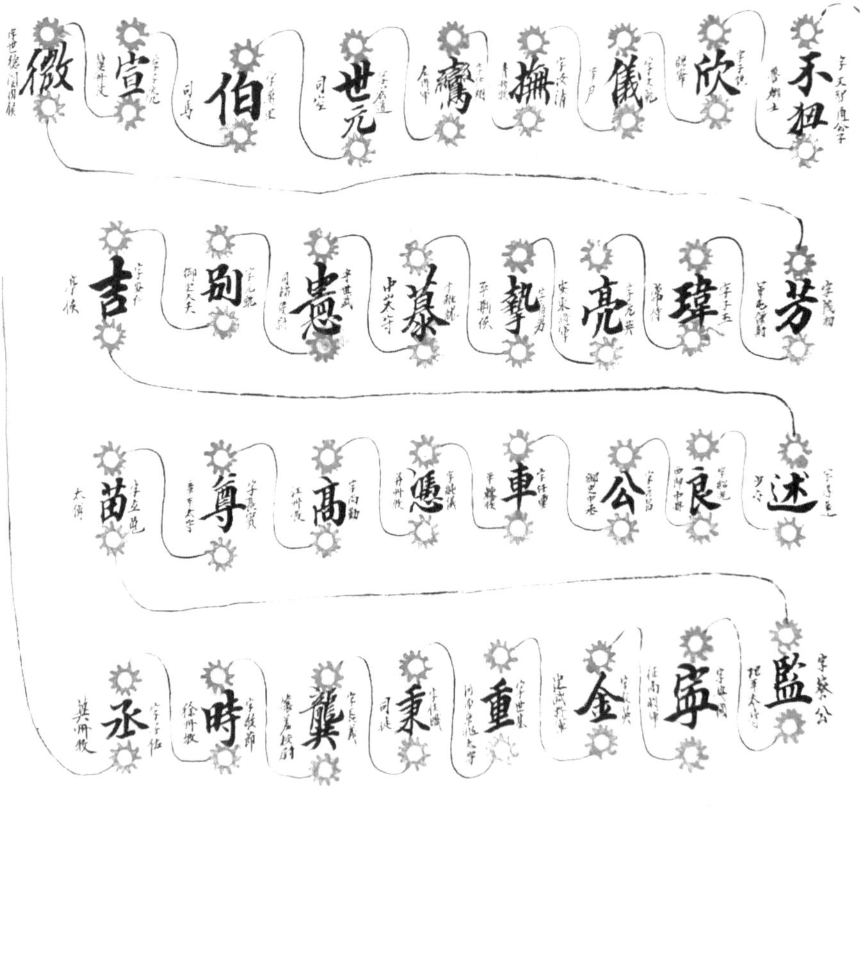
不扭
欣
儀
撫
鸞
世元
伯
宣
微
芳
瑋
亮
摯
慕
憲
剮
吉
述
良
公
車
憑
高
尊
苗
監
寧
金
重
秉
襲
時
丞

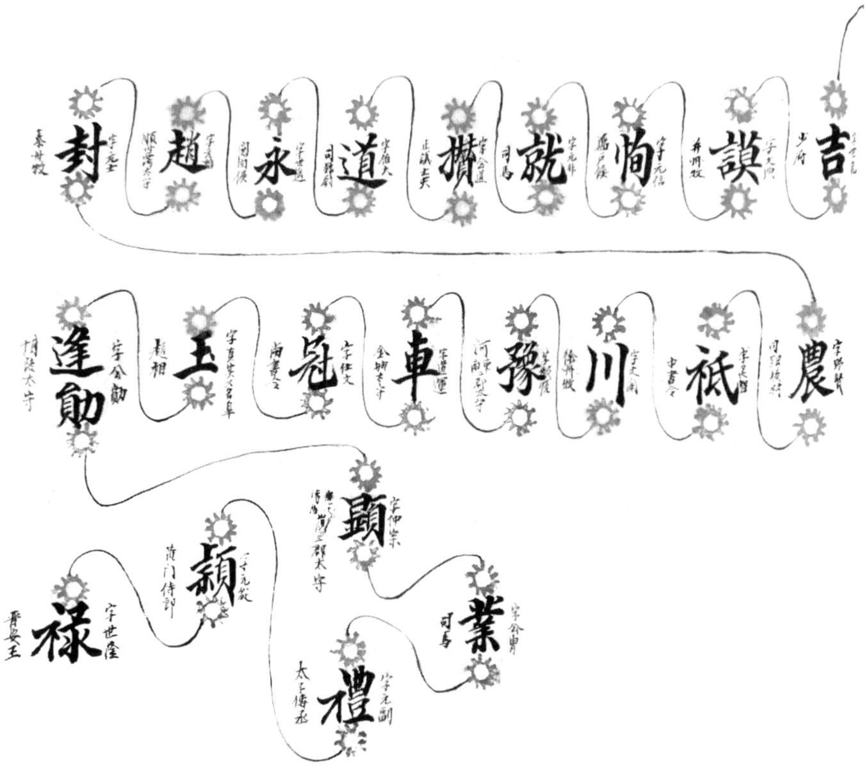
吉
少府
諆
字文卿
并州牧
恂
字元信
就
字元祚
司馬
攢
字公道
道
字伯大
司隸尉
永
字世道
趙
封
字元世
秦州牧
農
祇
中書令
川
字天雨
徐州牧
豫
河南太守
車
字道運
冠
字任文
王
趙相
逢勛
字公勛
博陵太守
顗
字仲宗
頵
字元敬
黄门侍郎
禄
字世隆
晉安王
業
字公胄
司馬
禮
字元副
太子傅丞

# 少師至祿公共計八拾叁代

改為47代 正確

以下非本房者官銜名字俱不載

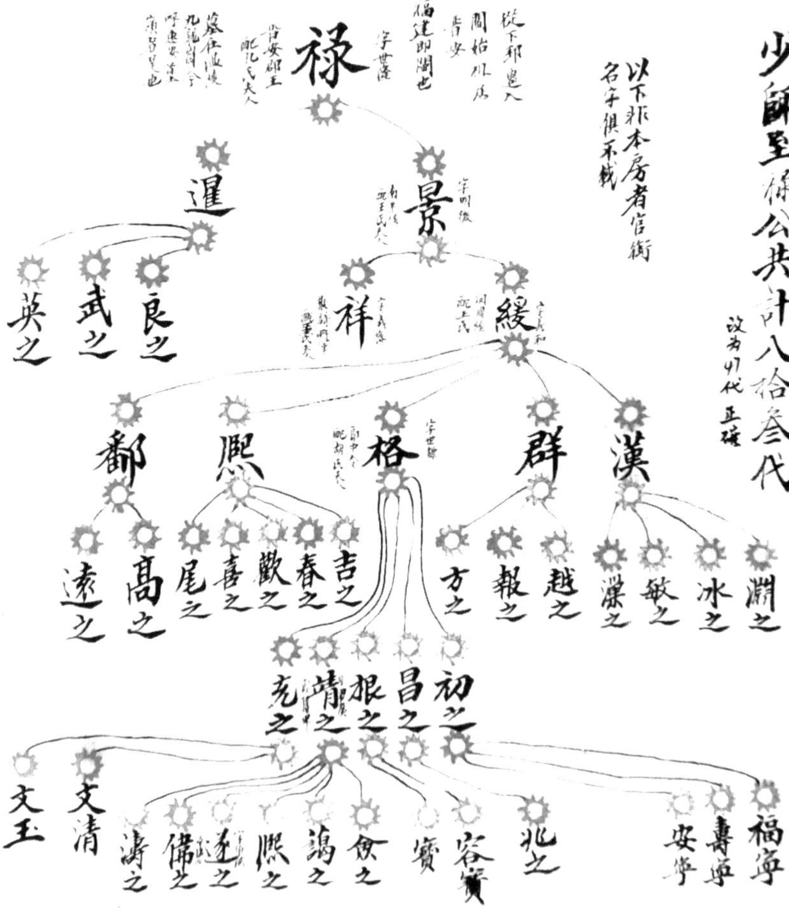

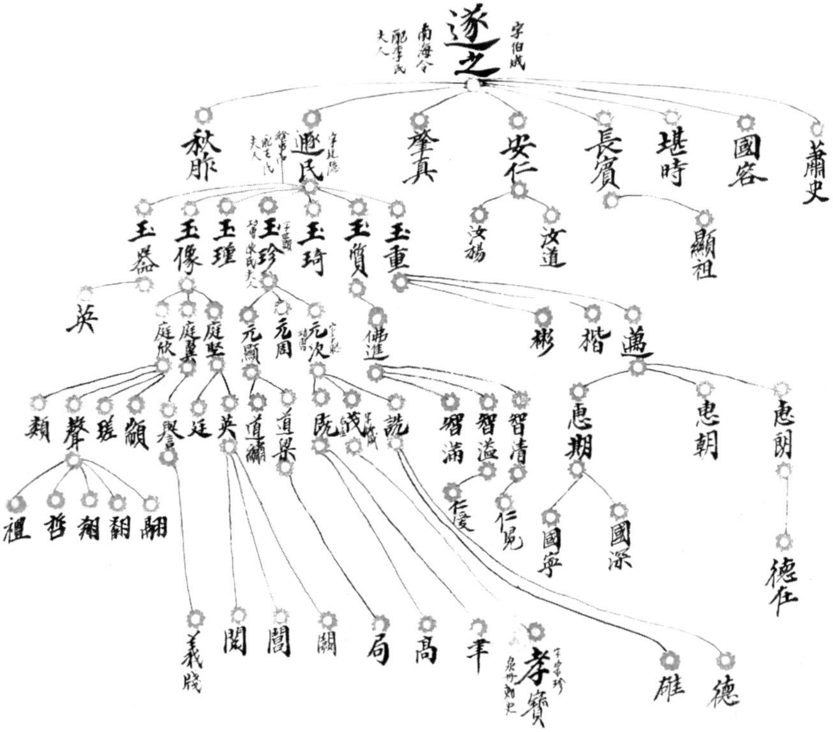
遂之
南海令
遯民
肇真
安仁
長賓
堪時
國容
蕭史
玉器
玉像
玉瑾
玉珍
玉琦
玉質
玉重
汝揚
汝道
顯祖
英
庭欣
庭冀
庭堅
元顯
元周
元次
佛進
彬
楷
邁
聲
頜
廷
英
道梁
詵
智溢
智清
惠期
惠朝
惠朗
禮
哲
翔
翻
翩
國寧
國深
德在
閬
闓
局
高
孝寶
雄
德

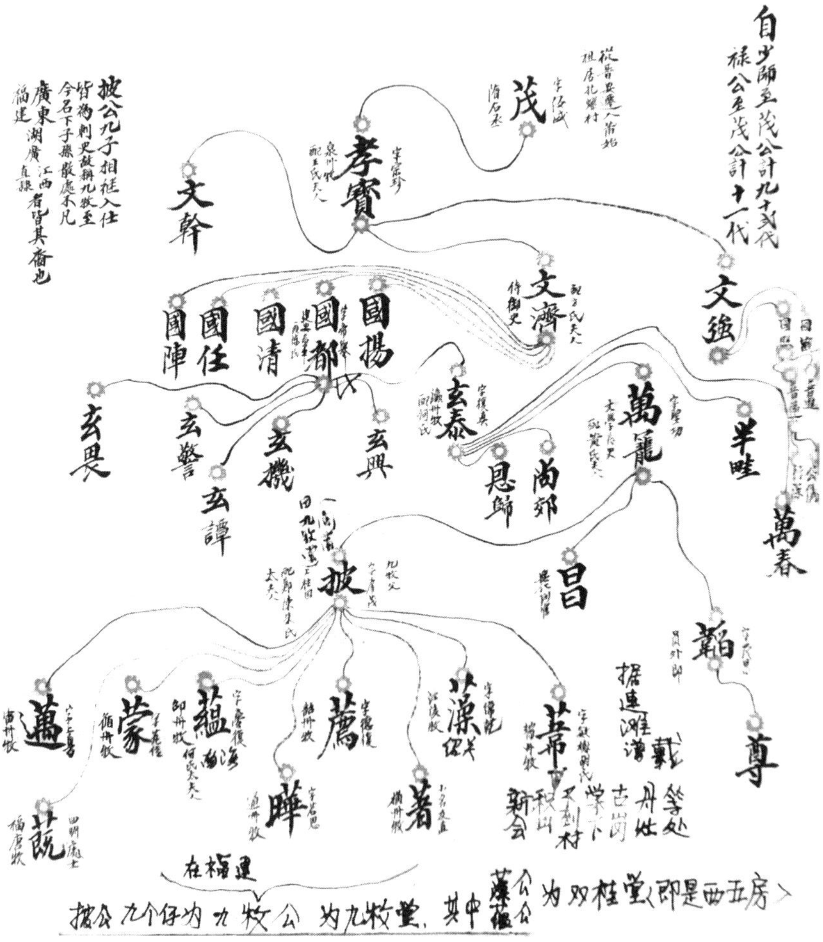
自少師至茂公計九十五代
祿公至茂公計十一代
茂
孝寶
文幹
文濟
文強
國揚
國都
國清
國任
國陣
玄泰
萬寵
羊眭
萬春
玄畏
玄警
玄機
玄興
玄譚
恩歸
尚郊
披
昌
韜
尊
邁
蒙
蘊
薦
藻
葺
曄
著
蔇
披公九子相挺入仕皆為刺史故稱九牧至今名下子孫散處不凡
廣東 湖廣 江西 直隸 者皆其裔也
福建
据连滩谱载
丹灶 古岗 紫下 又到村 秋山 新会 等处
在福建
披公九个仔为九牧公 为九牧堂，其中 藻公 蕴公 为双桂堂（即是西五房）

# 九牧分派

蕴
拔六子
字慶復
鄧州刺史
配何氏夫人
愿
愿公乃
天后娘娘之父
同
邑
昊
曷
潘州置某令
冲回
文範
尚聞
尚清
廣東提刑審琢使司
尚素
子義
子年
子白
子羽
子向
宗
元穹
嶶
鎮
縯
球
塲
慎
偃
自少師至蕴公計九十七代
禄公至蕴公計十七代
茂公至蕴公計八代

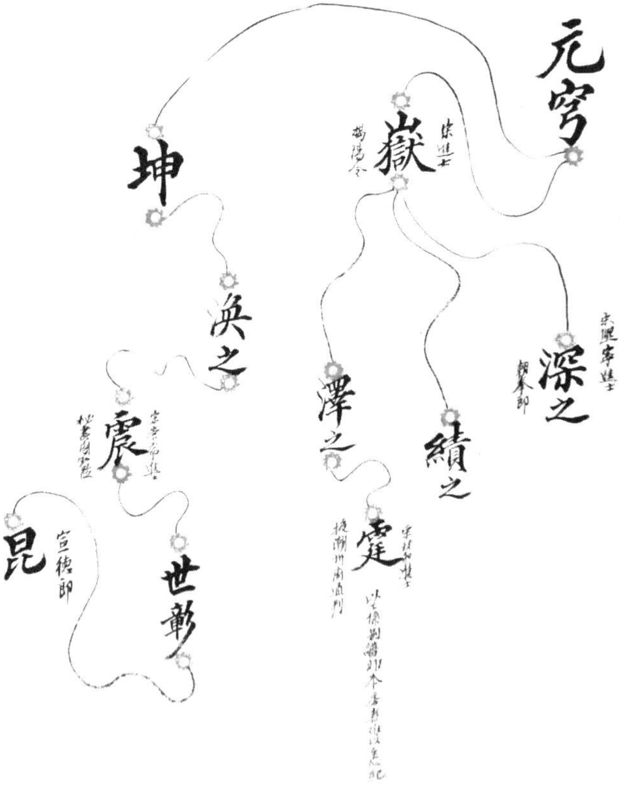
亢穹
嶽
宋進士
瀏陽令
坤
深之
宋熙寧進士
朝奉郎
績之
澤之
渙之
霆
震
世彰
昆
宣德郎

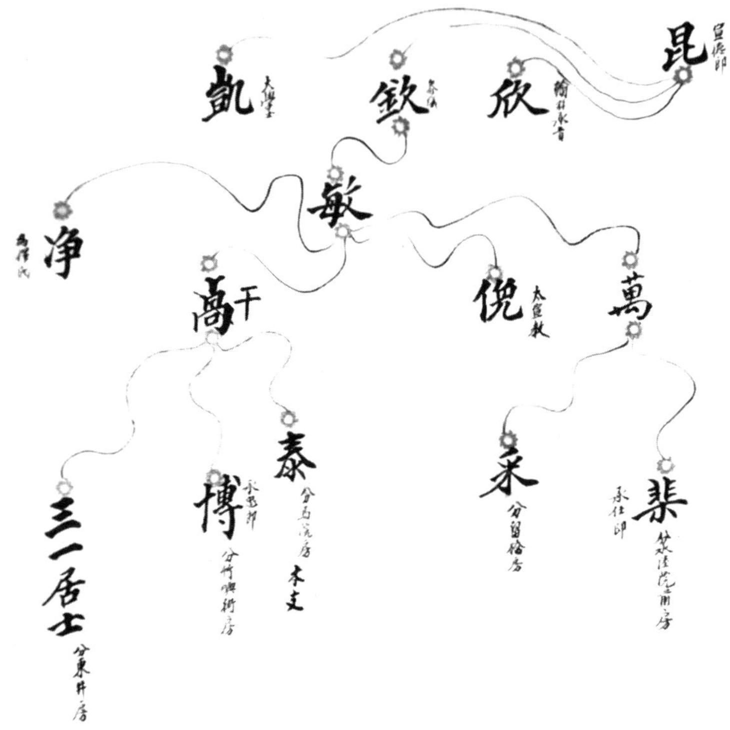
昆
欣
欽
凱
敏
淨
高
干
俛
萬
泰
博
三一居士
分東井房
來
棐

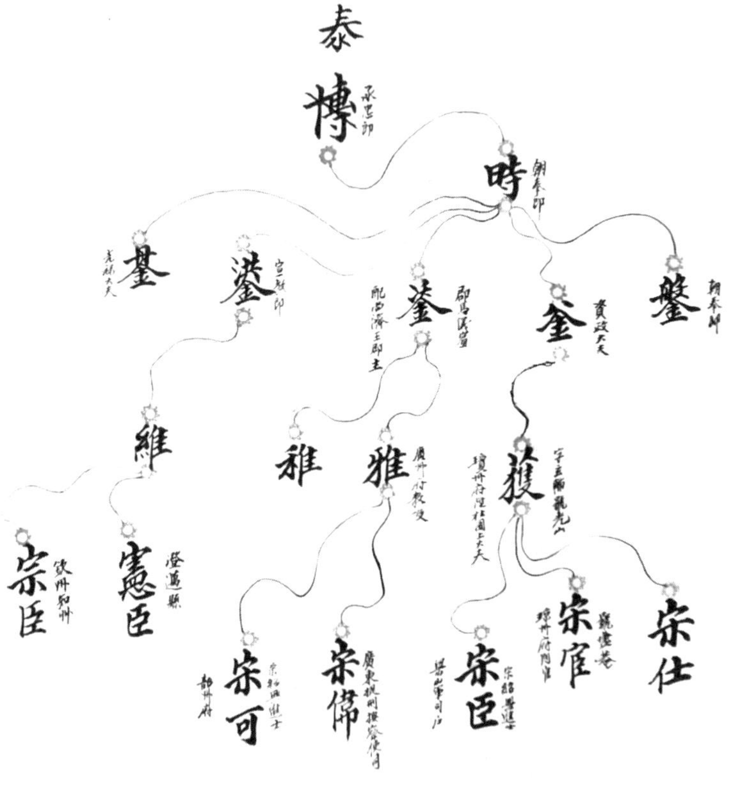
泰
博
承忠郎
時
朝奉郎
光祿大夫
宣教郎
資政大夫
鑾
朝奉郎
維
稚
雅
廣州府教授
獲
宗臣
欽州知州
憲臣
宗可
宗偉
宗臣
宗宦
宗仕

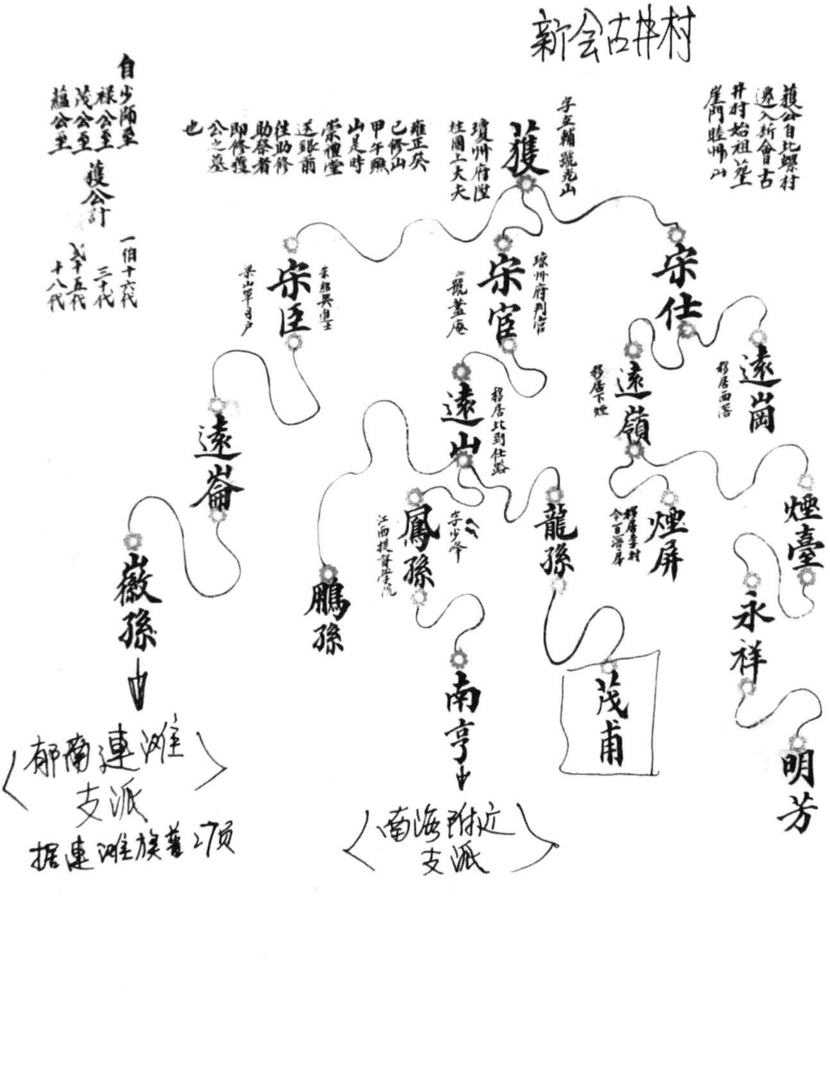
新会古井村
字文輔 號克山
瓊州府堂
柱國上大夫
獲
宗臣
宗官
瓊州府判官
號蓋庵
宗仕
遠嶺
移居下灶
遠崗
移居西滘
遠崙
遠山
移居北到仕路
嶽孫
鵬孫
鳳孫
字少岑
龍孫
煙屏
煙臺
永祥
明芳
南亨
茂甫
一伯十六代
三十代
十八代
郁南連灘
支派
据連灘族薯17页
南海附近
支派

茂甫
文郁
網漠
仲高
仲積
山得
宗熙
宗安
古生
山裕
祖義
祖義
文偉
水坑邊
山萃
山宜
山樵
山暘
祖良
祖善
祖純
祖毅
復興
復初
石養
文獻
山頭
子松
子阜
子欽
有潤
勝受
平遠
平野
本
𡔈
宏清
流清
復華
復春
國莊
文英
洋邊
得和
得昌
得新
勝聰
元澤
妙貴
武成
國
癸卯遷林上錫孫國公凡世祿
復榮
克順
復興
克常
文秀
山背
子堅
觀奴
子政
觀德
原廣
富宗
倍宗
原盛
康養
世茂
留壽
茂養
文忠
梅灣
真名
道敬
清
義
梅
本良
廷章
文盛
城陂
清
濱
處直
復德
木
源
台生
趣
細道
奇
喬
廷顯
本遠
廷浩
廷寶

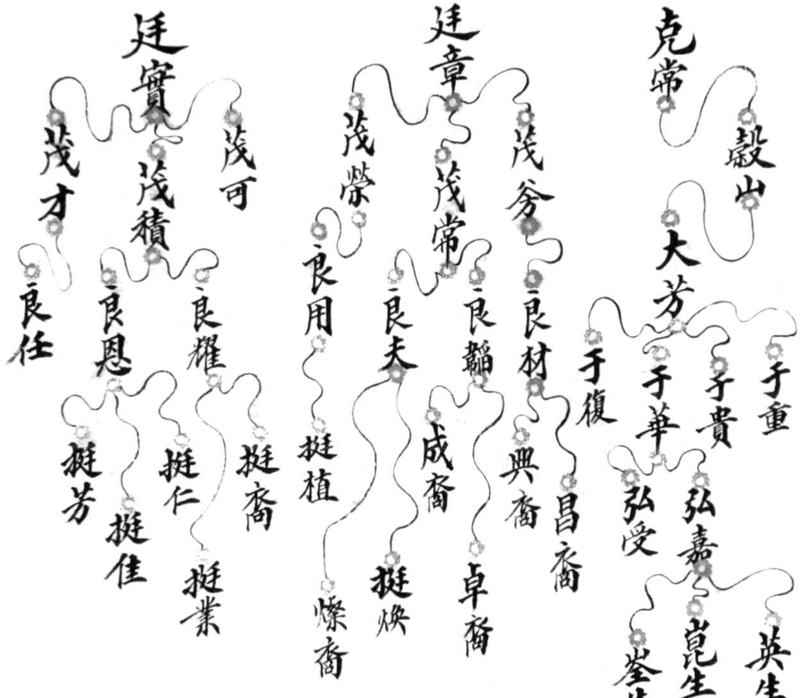
克常
殼山
大芳
子重
子貴
子華
子復
弘嘉
弘受
英生
崑生
鋆生
廷章
茂芬
茂常
茂棨
良材
良翻
良夫
良用
昌裔
興裔
卓裔
成裔
挺煥
燦裔
挺植
廷實
茂可
茂積
茂才
良耀
良恩
良任
挺裔
挺業
挺仁
挺佳
挺芳

鳳孫 字少峰 江西提督学院

雍正癸巳年古井建鳳孫祠崇禮堂於甲午年送銀前往拜祭并附得潤公神主歷久同享祭祀

南亨

福卿
祿卿
壽卿

得潤 移居南海大同崗頭市
43代

得賢 移居羅徑古勞坡山等處

得澤 移居羅徑蜆崗鄉即現時金利蜆崗嶺

得時

得進
得遂

羅徑司原屬新會縣今屬肇慶府鶴山縣也

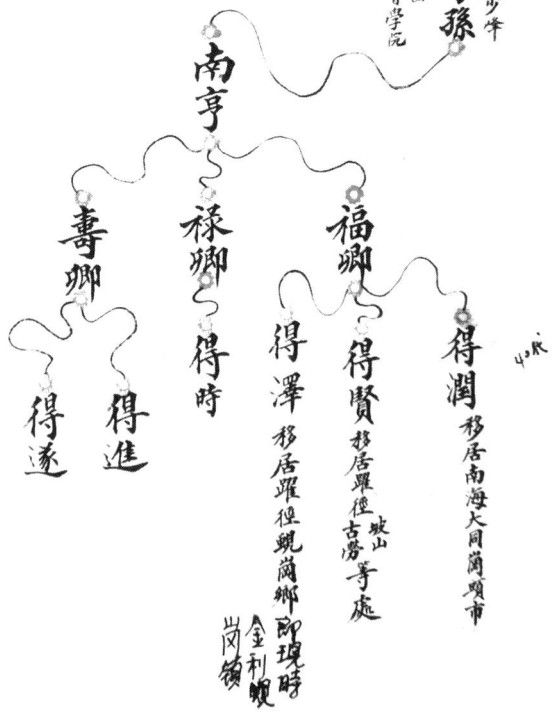

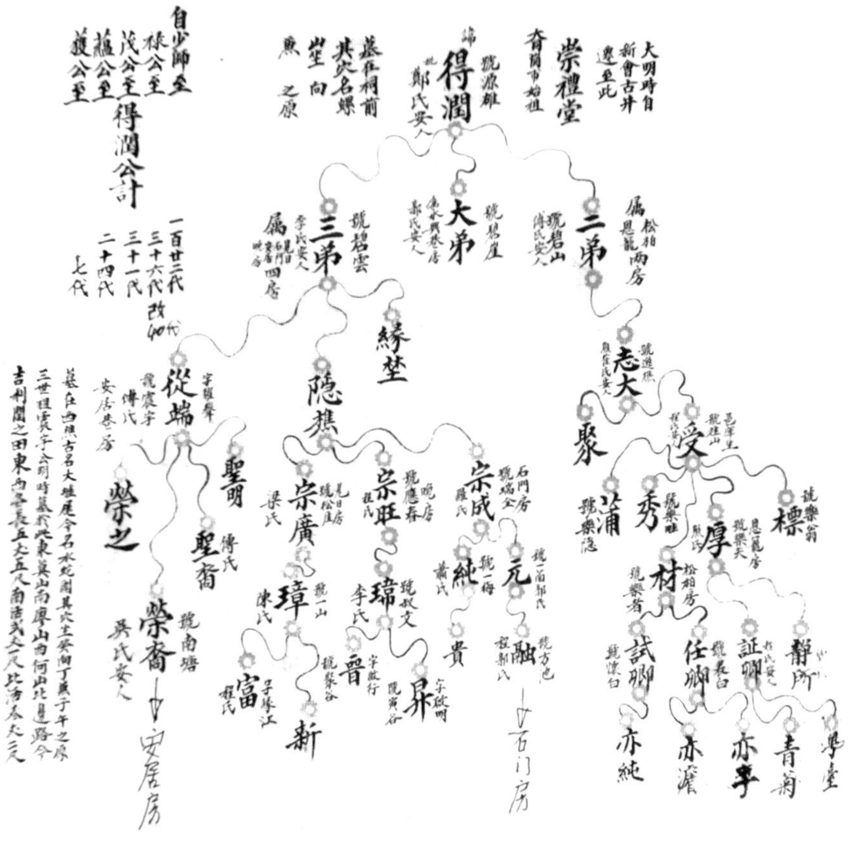
大明時自新會古井遷至此
崇禮堂
脊蘭市始祖
號源雄
得潤
鄭氏安人
墓在祠前其穴名螺
坐　向
之原
自少師至
祿公至
茂公至
蘊公至
護公至
得潤公計
一百廿二代
三十六代改40代
三十一代
二十四代
七代
號碧崖
大弟
鄧氏安人
二弟
號碧山
傅氏安人
屬松柏思龍兩房
三弟
號碧雲
李氏安人
屬四房
緣埜
隱樵
從端
號震宇
傅氏
安居巷房
聖明
聖裔
傅氏
榮之
榮裔
號南塘
吳氏安人
安居房
宗廣
梁氏
宗旺
號應春
程氏
宗成
石門房
號端全
羅氏
璋
號一山
陳氏
璹
號叔文
李氏
純
號一梅
元
貴
融
號方池
石门房
富
新
晉
昇
志大
號進樵
聚
受
號桂山
浦
號樂隱
秀
厚
號樂天
標
號樂翁
材
松柏房
試卿
任卿
號表白
証卿
靜所
亦純
亦灌
亦亭
青菊
學堂
墓在西樵古名大堆崖今名水蛇崗其穴坐癸向丁兼子午之原
三世祖震宇公明時葬於此東與山南廖山西何山北是路今
吉利園之田東西各長五丈五尺南渋貳丈一尺北布各丈二尺

四世祖諱 榮裔 號南塘 妣吳氏

墓在張坑之南因日久失記墓所（在墓祭墳）哀不可及為子孫者當虔心在祠祭奠以盡本原之意云

裴盛 字慶英 唐氏安人 父子俱塟大塘崗 自裴盛至卓垣俱塟四山 五代同墳

博之 李氏安人

養樵 傅陳氏安人 濟美堂

與良 號榮莪 李氏安人

榮莪公墓在西樵莪賢崗坐巳向亥兼巽乾

麗垣 號燦文 傅氏

祐賢

迴賢

聯賢

滌賢

鵜賢

勳賢

徵賢

卓垣 號茂河 鄒氏安人

璋賢 繼嗣

郁垣 號春文 關氏安人

鍾賢

璋賢 出繼嗣卓垣公

毓靈 號惠廷

允鮮

逸樵 河清房 梁陳氏

與言 陳傅氏

融輝 郭陳氏

揚輝 沈氏

秀輝

與昇 何氏

明輝 李氏

純輝

世盛

紹宏 字子智 程氏

允生

允相

彥雄

彥禮 郭氏

顯初

志垣

紹仁 號篇敉 字博道 張氏

允奇 號南洛 陳氏

彥儒 號心傳 麥戴氏

茂垣

沾泰

沾雨

允英 號北望 番何氏

彥卿 號魯廷

彩垣

泰勳

九世祖第
志垣
觀蓮
仁甫
君賢
君鍺
世華
潘吳氏
元章
字宜敏
陳氏
混開
郭氏
錦開
榮開
字發輝
黄徐氏
九世祖第
揚輝
河清房
喬長
字觀長
聖甫
洛甫
吉氏
耀祥
書旺
字英傑
潘氏
天福
字和德
天就
字成德
文禧
字好松
熊氏
文裕
何氏
孫掄

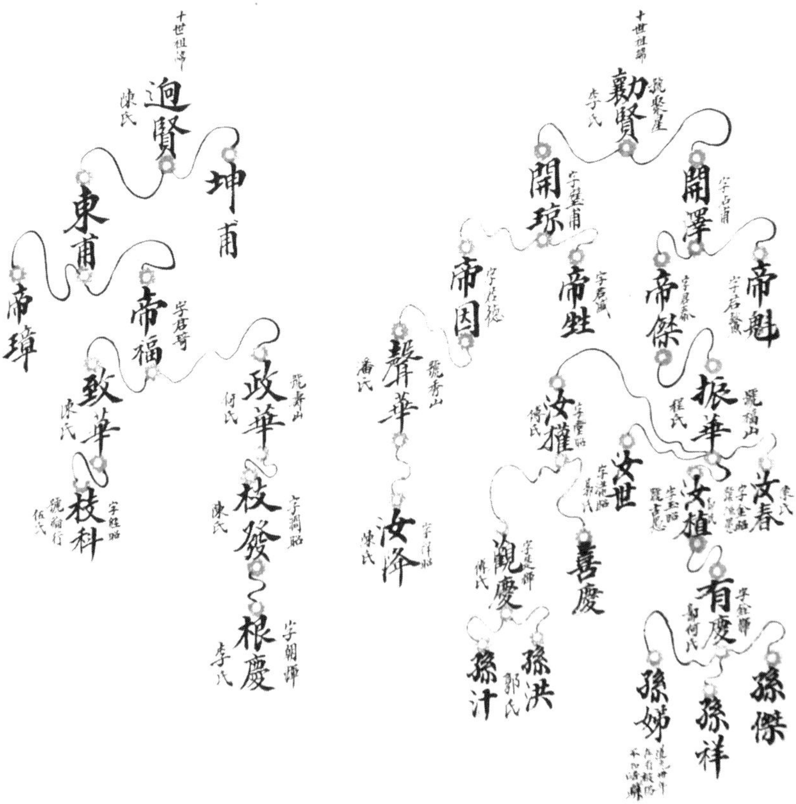
十世祖錦
勳賢
號聚崖
李氏
開琮
開澤
帝因
帝甡
帝傑
帝魁
聲華
號秀山
潘氏
振華
號福山
程氏
汝權
傅氏
汝世
汝植
汝春
汝澤
陳氏
觀慶
傅氏
喜慶
有慶
孫汁
孫洪
郭氏
孫娣
孫祥
孫傑
十世祖錦
迴賢
陳氏
坤甫
東甫
帝璋
帝福
致華
陳氏
政華
號壽山
何氏
枝科
伍氏
枝發
字潤昭
陳氏
根慶
字朝卿
李氏

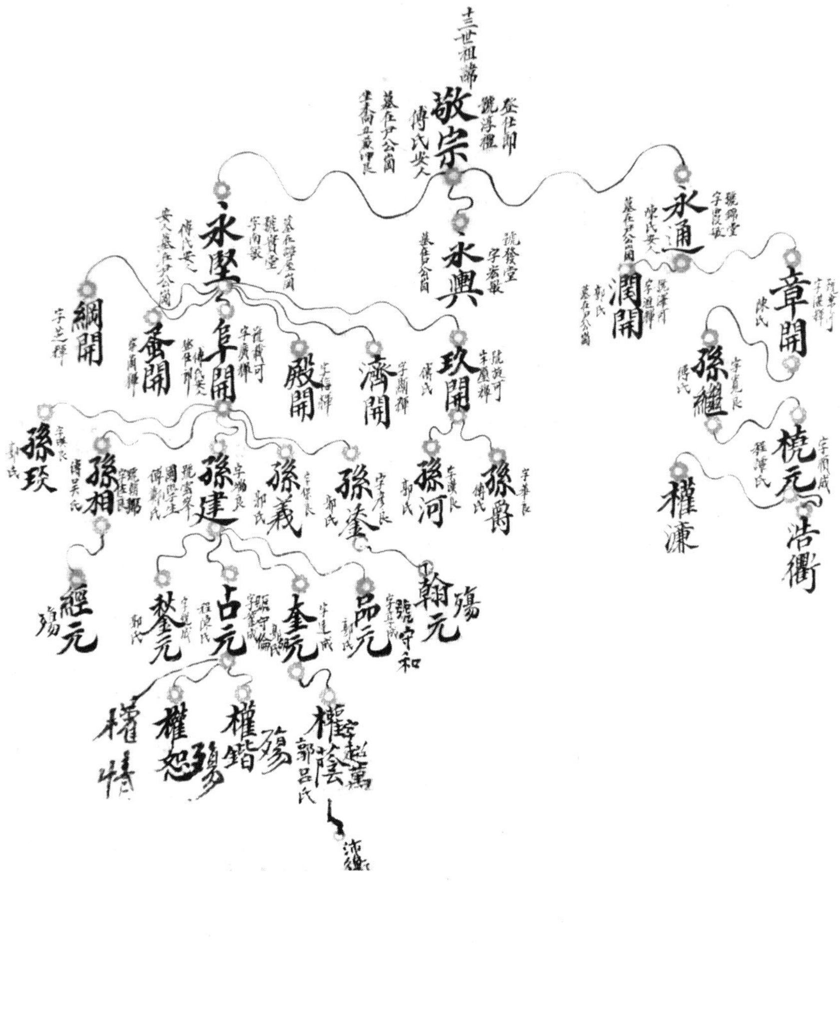
十三世祖諱
敬宗
登仕郎
號淳禮
傅氏安人
墓在尹公崗
永堅
號資堂
字向敬
傅氏安之
永興
號發堂
字岩敬
墓在尹公崗
永通
號錦堂
陳氏安人
墓在尹公崗
綱開
蚕開
阜開
殿開
濟開
玖開
潤開
郭氏
章開
陳氏
孫琰
郭氏
孫相
孫建
孫義
郭氏
孫鎣
郭氏
孫河
郭氏
孫爵
傅氏
孫繼
傅氏
經元
殤
鍪元
郭氏
古元
程陳氏
奎元
品元
郭氏
翰元
殤
號守和
橈元
程譚氏
浩衢
權濂
權情
權恕
殤
權鍇
殤
權蔭
郭呂氏

十三世祖昭
宴宗
毓榮
向榮
廣卿
德卿
光卿
連卿
庚卿
新卿
駒年
鶴年
孫寧
孫聖
孫桂
孫信
孫應
孫丙
日新
能新
嶽元
斌元
春元
楠元
朝元
高元
權璣
權揚
珮

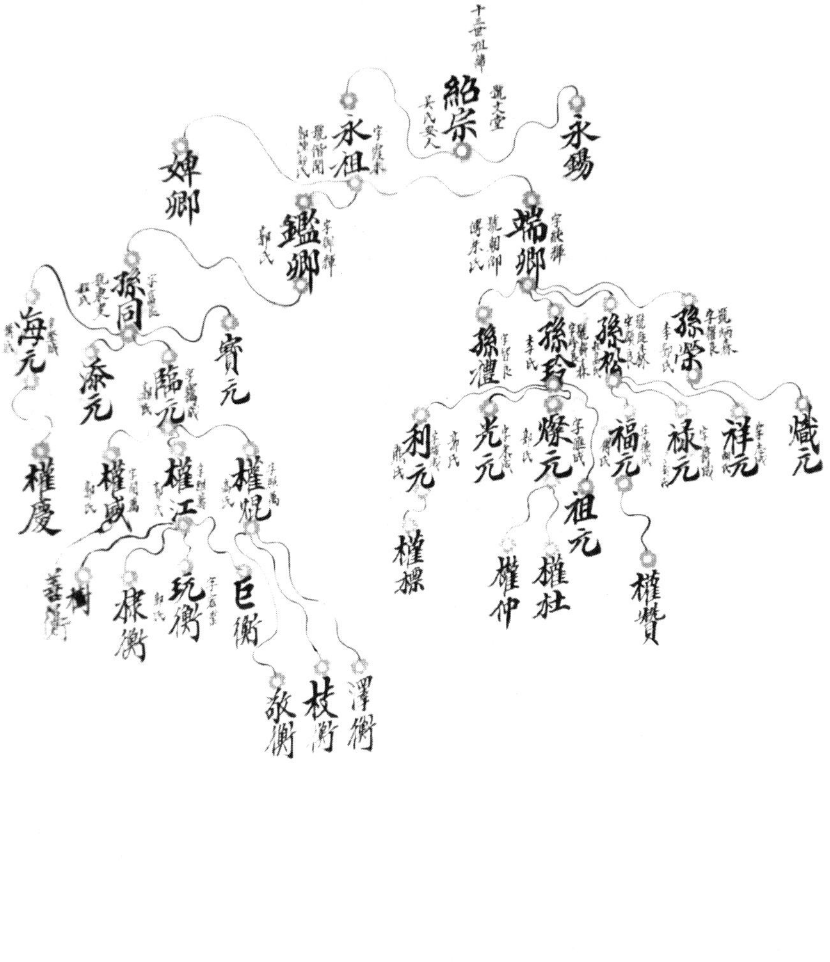
十三世祖諱
紹宗
永錫
永祖
姊卿
鑑卿
端卿
孫同
海元
添元
臨元
寶元
孫禮
孫玲
孫松
孫榮
利元
光元
燦元
福元
祿元
祥元
熾元
祖元
權慶
權威
權江
權焜
權標
權仲
權杜
權贊
玩衡
巨衡
敬衡
枝衡
澤衡

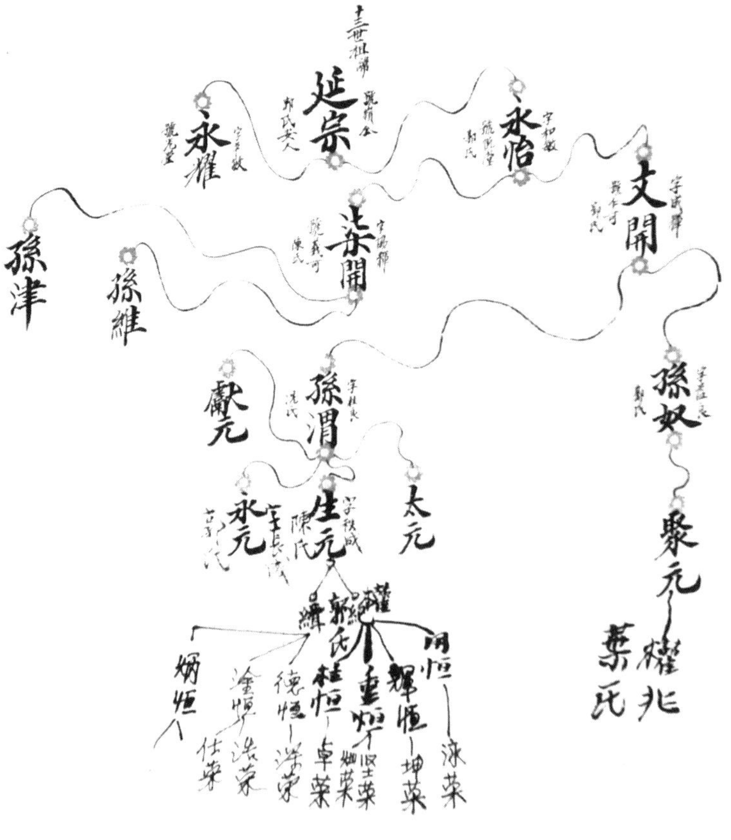

十世祖帶　觀前全
延宗　郭氏安人

永怡　字和敬　郭氏

支開　字武禪　郭氏

永雄　字希敬　覺志堂

柒開　字國標　陳氏義可

孫津

孫維

獻元　潘氏

孫渭　字林惠　潘氏

生元　字秋盛　陳氏　王長妹

太元

永元　陳氏

孫奴　字廷琅　郭氏

聚元

耀兆

葉氏

細恒—泳菜
重炬—坤菜
輝恒
德恒—洪荣
金恒—仕荣
卓荣
桂恒
郭氏
炳恒

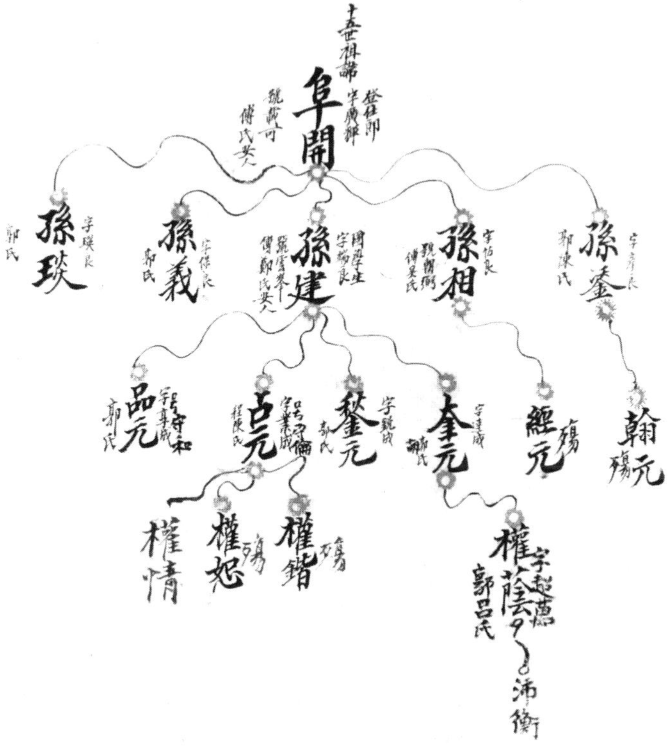
十五世祖諱
阜開
字廣郁
登仕郎
號藏可
傅氏安人
孫琰
字瑛良
鄭氏
孫義
字傑良
鄭氏
孫建
字瑞良
國學生
傅鄭氏安人
孫相
字伯良
傅吳氏
鄭陳氏
品元
鄭氏
鄭氏
字魏成
奎元
字達成
經元
殤
翰元
殤
權情
權恕
殤
殤
權蔭
鄭呂氏
沛衡

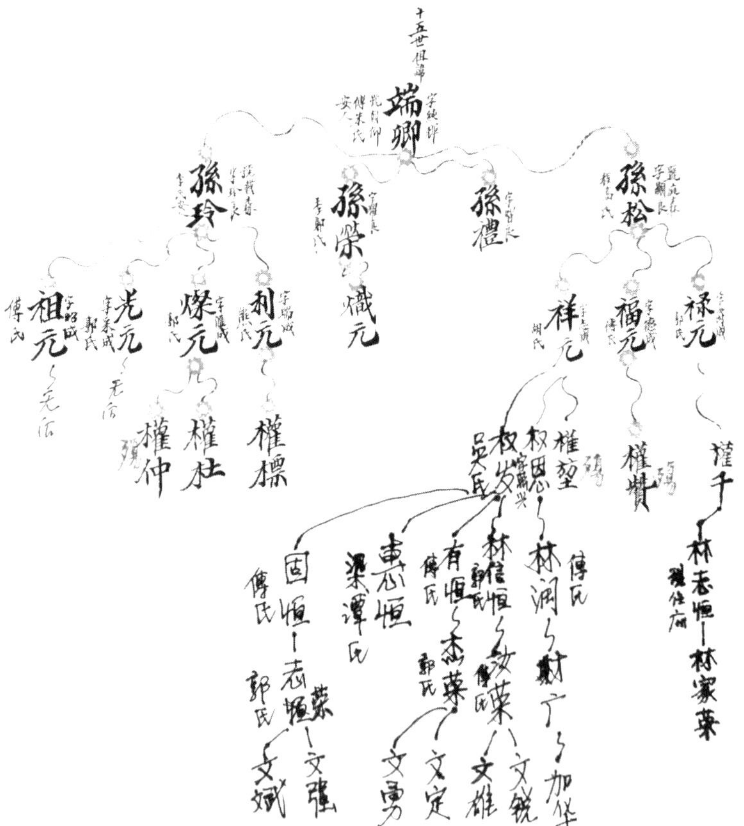
十五世祖
端卿
孫玲
孫榮
孫禮
孫松
祖元
光元
燦元
利元
熾元
祥元
福元
祿元
權仲
權杜
權標
權望
權贊
林志恒
林家榮
林潤
林信恒
有恒
固恒
文強
文斌
文勇
文定
文雄
文銳
加华

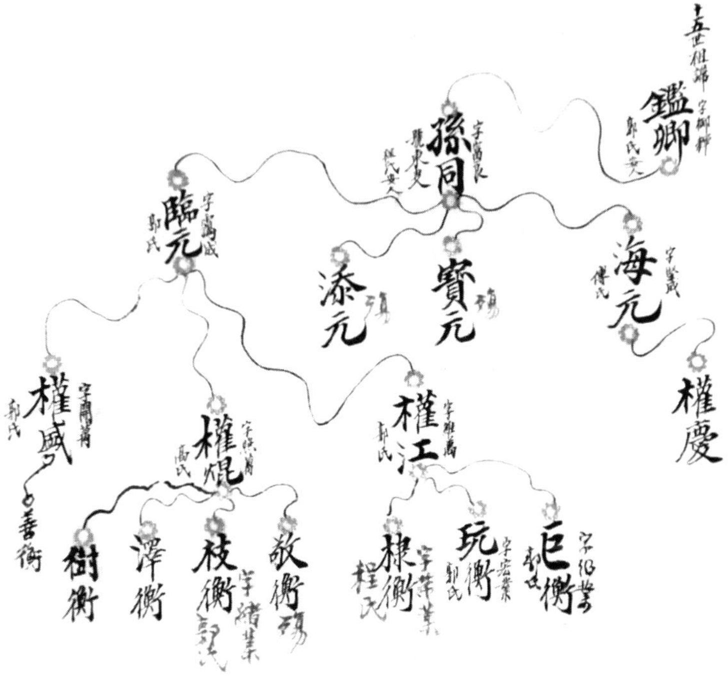
鑑卿
孫同
臨元
海元
添元
賓元
權慶
權威
權焜
權江
善衡
樹衡
澤衡
枝衡
敍衡
棣衡
琓衡
巨衡

十五世祖諱
連卿
孫桂
孫信
孫丙
孫應
能新
日新
權楊
塗衡
灶衡
珮

十五世祖諱
胤卿
字晋卿
黄金閔氏
駒年
孫聖
字桂良
國學生
孫寧
字畟良
鶴年
羅氏
楠元
嶽元
字振威
斌元
春元
高元
朝元
權璁
權球
權琦
權璣

十五世祖諱

章開 號常可 字湛槎 陳氏安人

孫繼 字寬良 傅氏

橈元 字順成 程譚氏

權濂 瑒

權志

浩衢

入關晉郡王